顏真卿

嗨！有趣的故事

Hi! Story

薛舟

【出版說明】

在文字出現以前，知識的傳遞方式主要就是語言，靠口耳相傳的方式記錄歷史與情感表達。人類的生活經歷、生命情感也依靠著「說故事」來「記錄」。是即人們口中常說的「傳說時代」。然而文字的出現讓「故事」不僅能夠分享，還能記錄，還能更好、更廣泛地保留、積累和傳承。

《史記》「紀傳體」這個體裁的出現，讓「信史」有了依託，讓「故事」有了新的準則：文詞精鍊，詞彙豐富，語言精切淺白；豐富的思想內容，不虛美、不隱惡。選擇人物一生中最有典型意義的事件，來突出人物的性格特徵，以對事件的細節描寫烘托人物的情感表現，用符合人物身份的語言，表現人物的神情態度、愛好取捨。生動、雋永而又情味盎然。

「故事」中的人物和事件，從來就是人類的「熱門話題」。她是茶餘飯後的趣味談資，是小說家的鮮活素材，是政治學、人類學、社會學等取之無盡、用之不竭的研究依據和事實佐證。

中國歷史上下五千年，人物眾多，事件繁複，神話傳說與歷史事實並存，正史與野史交錯互映，頭緒繁多，內容龐雜，可謂浩如煙海、精彩紛呈，展現了中華文化的源遠流長與博大精深。讓「故事」的題材取之不盡，用之不竭。而其深厚的文化底蘊如何呈現，怎樣傳承，使之重光，無疑成為《嗨！有趣的故事》出版的緣起與意趣。

《嗨！有趣的故事》秉持典籍史料所承載的歷史精神，力圖反映歷史的精彩與真實。深入淺出的文字使「故事」更為生動，更為循循善誘、發人深思。

《嗨！有趣的故事》以蘊含了或高亢激昂或哀婉悲痛的歷史現場，以對古往今來無數先賢英烈的思想、事蹟和他們事業成就的鮮活呈現，於協助讀者不斷豐富歷史視域和深度思考的同時，不斷獲得人生啟迪和現實思考、並從中汲取力量，豐富精神世界，在實現自我人生價值和彰顯時代精神的大道上，毅勇精進，不斷提升。

【導讀】

唐中宗景龍三年（七〇九年），顏真卿出生於長安。三歲那年，父親顏惟貞去世，全家靠伯父和舅父的周濟，艱難度日。儘管如此，顏真卿卻胸懷遠大志向，在長輩的教誨下成長。後來考中進士，踏上政壇。

當時的大唐盛極而衰，蘊含著巨大危機。在風雨飄搖中，顏真卿忠於內心，恪守本份，絕不隨波逐流。在朝廷，他剛正不阿，潔身自守；在地方，他勤政愛民，勸農勸學，堪稱傳統意義上的「良吏」。安史之亂爆發後，他和兄長顏杲卿不顧個人安危，奮勇反擊叛軍，整個家族獻出了三十幾口人的生命。這次歷史巨變是顏氏家族的劫難，也是大唐的劫難。顏真卿見證了大唐由盛轉衰，也見證了唐詩從盛唐之豪邁轉入中唐之恬退。晚年，他受奸臣陷害，出使叛軍李希烈部，不辱使命，慷慨赴死，奏響了士大夫為國捐軀的悲歌。

這是顏真卿的精神底色，也是支撐其書法藝術的道德基礎。

顏真卿從小酷愛書法，家境貧寒買不起紙筆，他就「黃泥習字」；成年之後，依然虛心學習，多次求教於「草聖」張旭，終於成為著名的書法家。

直到今天，眾多初學書法的人都樂於以「顏體」為台階，為門徑，登堂入室。這裏有奧妙，但是並不神祕。

人們常說，文如其人，字也如其人。顏真卿是古代士大夫的優秀代表，儒家君子精神的傑出踐行者，他的書法裏蘊藏著家風和情懷。顏氏家風直接來源於顏真卿的六世先祖顏之推，那個寫出中國家教經典《顏氏家訓》的人，而他的愛國情懷更是中華民族綿延不絕的精神脊樑：貧賤不移，威武不屈；殺身成仁，捨生取義。

因此，顏真卿的字就是大唐的風骨，也是盛唐的靈魂。

目錄

黃泥習字

夏天的長安城，天氣熱得像蒸籠，低垂的楊柳無精打采，紋絲不動。街上很少行人，偶爾有挑著擔子的貨郎走過，懶懶地搖幾聲撥浪鼓，卻招不來幾個孩子。孩子們都躲在家裏，或者在樹蔭下玩耍，誰願意挨這太陽的曝曬。

通化坊在長安城正北，隔著善和坊就能望見巍峨高聳的朱雀門。幾個孩子玩膩了，各自就要回家，一個孩子說道：

「真卿，今天到我家玩吧？」

「好是好啊，我就是怕你爹！」顏真卿說道。

「放心吧，今天我爹不在家。」

通化坊裏設有長安城最大的驛站——都驛亭，邀請顏真卿的孩子名叫吳本，他的父親是驛長。驛長，官不大，卻很有實權，除了傳遞公文書信、接送官員、管理貢品，還負責迎接外國使者。

顏真卿拉上弟弟允臧，跟著吳本飛跑而去。每次到吳家，顏真卿最喜歡去吳本父親的書房，那裏書架上擺放著琳琅滿目的書籍，書桌上鋪著整齊的麻紙，筆架上懸掛著各式各樣的毛筆。顏家家境貧寒，尤其是父親去世之後，更是雪上加霜，根本無力購置像樣的紙和筆。

「吳本，你喜歡寫字嗎？」顏真卿說著話，目光卻沒有離開筆架。

「唉，別提了，爹爹逼著我每天練字，真是受罪啊！」吳本抱怨說，「對了，真卿，你要是喜歡，我送你一枝筆吧？」

「那可不行，我娘說了，不能隨便要別人家的東西。」顏真卿連忙拒絕。

「咱們是鄰居，又是朋友，那也不行嗎？」吳本說。

「我娘說了，只要勤奮練習，什麼筆都能寫出好字。」顏允臧搶著說道。

走出吳家，真卿和允臧都有些蔫頭耷腦，慢吞吞地往家裏走去。走過坊裏的十字大街，大街西北側是舅父殷踐猷家，南側就是世代居住在這裏的顏家了。顏、殷兩家世代聯姻，顏真卿的父親顏惟貞娶了殷子敬的女兒，而顏惟貞的大姊顏真定又嫁給殷履直，兩家是親上加親。

顏惟貞的去世讓顏家蒙上了濃重的陰影，好在殷夫人溫良賢淑，善於持家，除了想方設法維持家計，她還督促孩子們讀書習字，反覆叮囑孩子們要節約用紙，先用淡墨，再用濃墨，正面寫完了再寫反面。

真卿和弟弟允臧乖巧懂事，小小年紀就知道替母親分憂。不過從吳家回來，真卿忍不住小聲嘀咕說：「娘，人家吳本練字都用好紙。」

「是啊，娘，吳本還有紫毫筆，真是漂亮！」允臧也在旁邊幫腔道。

「胡說！」聽了兩個兒子的話，殷夫人一改往日的溫柔，流露出前所未有的嚴厲。她將孩子們拉到身前，讓他們端正站好。「孩子們，你們知道嗎？當年你伯父和父親練字的時候，連最便宜的紙和筆都沒有呢。」

「啊，沒有紙和筆，那怎麼寫字啊？」真卿和允臧面面相覷，似乎覺得很不可思議。

「你祖父去世得早，你們的伯父和父親寄養在外祖父家，跟著舅父學書法。那時候比現在還窮，買不起紙和筆，兄弟倆就用泥巴塗牆，拿樹枝當毛筆。久而久之，不也練出一手好字嗎？」

殷夫人想到丈夫小時候的艱辛生活，歷盡苦難終於要熬出頭了，卻又不幸撒手人寰，說著說著眼眶發紅，聲音有些哽咽。

真卿和允臧看到母親傷心，嚇得連忙撲進母親懷裏，低聲說：「娘，別哭了，我們知道錯了。」

殷夫人撫摸著孩子們的頭，想到家事艱難，孩子們的成長注定不會順利，更加傷心難抑，眼淚撲簌簌滴落下來，落在兩個孩子的頭上。

母親操勞家務，平日裏很少有機會親近孩子，真卿已經久違母親的懷抱了。他靜靜地聽著母親的心跳聲，眼前浮現出父親在牆上塗泥寫字的情景。咦，又能玩泥巴，又能練書法，母親還高興，真是一舉多得啊。想到這裏，他連忙拉起允臧的手，蹦蹦跳跳地衝出門去。

「羨門子、阿檠，你們去哪兒？」殷夫人不知道兒子打的什麼鬼主意，喊著真卿和允臧的乳名，正要問個究竟，誰知孩子們早已沒了蹤影。

真卿在地上挖土，允臧笨拙地提來水桶，拿著水瓢，舀水和泥。泥巴和得差不多了，兩兄弟各自捧起泥巴，稀里嘩啦地抹在坊壁上，很快做成了兩尺見方的泥牆。

「阿桀，你去折樹枝！」真卿安排道。

允臧從來沒有像今天這樣聽話，乖乖地折來兩根樹枝，遞給真卿一根。兩人站直身體，好像面對的不是泥巴牆，而是老師。真卿試探著把樹枝伸向牆壁，樹枝插進泥巴，卻又突然停下了。

「寫什麼好呢？」真卿問。

「姓名。」允臧說。

「對，我在左邊，你在右邊。」真卿說。

兩人分頭寫起自己的名字。真卿一氣呵成，很快就寫完了。允臧是個慢性子，剛寫完第二個字，突然聽到啪的一聲，一塊泥巴飛來，蓋住了自己的字。歪頭一看，真卿手捧泥巴，站在他身後。

「你幹什麼？」允臧生氣地問道。

「你太慢了，重來重來。」真卿說。

「哼，寫字跟快慢有什麼關係，你憑什麼毀了我的字？」

允臧氣勢洶洶地問道，邊說邊伸出樹枝，戳向真卿的胸口。

「你要打架嗎？」

真卿也不甘示弱，衝上來就抓住允臧的胳膊。不一會兒，兄弟兩個就扭打起來，滾倒在地，誰都不肯讓步。

「真卿，允臧！怎麼又打起來了？」

聽到熟悉的聲音，兩人知道是伯父，嚇得趕緊鬆手，恭恭敬敬地喊道：「伯父。」

「哈哈哈，兩個小泥猴！」看到兩個侄子滿臉滿身都是泥巴，顏元孫忍俊不禁，朗聲大笑。「咦，你們這是在做什麼？」

「伯父，我們在練字啊。」真卿說。

「伯父，我們學你小時候呢。」允臧說。

「哦，原來如此！你娘告訴你們的吧？」顏元孫看到兩個侄子在模仿自己小時候的

「黃泥習字」，大為感動。

顏元孫撿起樹枝，將牆上的泥巴塗抹均勻，工工整整地寫道：「天，地，玄，黃，宇，宙，洪，荒。」真卿、允臧在旁邊高聲誦讀。

「很好，咱們從明天開始學習〈千字文〉，你們先把這兩句背熟。」

伯父說完，真卿和允臧撿起地上的樹枝，開始在各自的「地盤」上練習起來。

一隻斷腿鶴

每天清晨，隨著鼓樓上傳來響亮的開門鼓聲，長安城裏千門萬戶次第敞開，官員上朝，商人開市，百姓出門，朱雀大街上車水馬龍，人流熙來攘往，隨處可見模樣怪異的外國使者和商人。

三月三日是上巳節，全長安人幾乎傾城出動，曲江岸邊人頭攢動，摩肩接踵。富人家都帶著美酒佳餚，圍聚在樹蔭花叢間。平時很少出門的年輕女子身著盛裝，打扮得花枝招展，在侍女的陪伴下遊春。

二哥顏允南帶著三個弟弟——幼輿、真卿、允臧，慢慢地穿過人群，走到曲江池以北的晉昌坊，來到玄奘法師譯經的大慈恩寺。抬頭看著高聳入雲的大雁塔，允南的眼睛裏充滿了嚮往。他知道，這裏不僅是佛教聖地，更是讀書人心心嚮往的地方，只要考中了進士，那就可以把自己的姓名、籍貫、及第時間刻在大雁塔的石壁上了。

「你們聽說過雁塔題名嗎？」允南指著大雁塔問弟弟。

「不知道。」弟弟們紛紛搖頭。

「每年的新科進士都在大雁塔上刻下自己的名字，這就叫雁塔題名。」允南說道。

「你們想不想？」

「想！」

二哥半開玩笑半當真，顏真卿的回答卻非常響亮，聲音明顯蓋過了弟弟允臧，也蓋過了比自己年長六歲的哥哥幼輿。

「誰在大雁塔題下自己的名字，二哥就請他到西市喝酒。」允南笑著說道，隨後又指著雁塔門兩側的石碑說：「這是〈大唐三藏聖教序〉，褚遂良寫的。」

顏真卿經常聽大人說起初唐三大家歐陽詢、虞世南和褚遂良，歐陽詢是通化坊的隔世鄰居，虞世南又是歐陽詢的至交，據說也經常光顧通化坊。算起來，三大家中就只有褚遂良還比較陌生了。

這時候，夕陽正好落在石碑上面，碑文放射出閃閃的金光。顏真卿若有所思，悄無聲息地走上前去，仔細端詳，輕聲朗讀石碑上的文字：

蓋聞二儀有像，顯覆載以含生。四時無形，潛寒暑以化物。

文字裏的意思似懂非懂，不過那短促有力的線條，那勁秀飽滿的字體卻有著無窮的魔力，吸引著真卿踮起腳尖，挺直了身體。不知不覺間，他的身體已經貼緊石碑，高高地揚起胳膊，手指落進刻痕，隨著筆畫輕輕移動。

濕火宅之乾燄，共拔迷途；朗愛水之昏波，同臻彼岸。

高處的字搆不著了，顏真卿仔細地勾畫著最後的落款：「中書令臣褚遂良書」，嘴裏念念有詞。二哥走過來，伸手彈了下他的後腦勺。

「老十三（顏真卿在家族中排行第十三），看傻了吧？再不回家，坊門都要關了。」

夕陽西下，薄暮籠罩天地，長安城安靜下來。

殷踐猷學問淵博，性格豁達，平生愛交朋友，他的朋友足以讓通化坊光芒萬丈，既有卸任宰相陸象先，也有人稱「四明狂客」的大詩人賀知章。別看賀知章已經六十多歲了，卻像個老頑童似的，天真爛漫，沒有絲毫官氣。每次來殷家都會問：「羨門子呢，羨門子呢？」好像尋找好久不見的老朋友。

他關心顏真卿，經常帶些特別的點心，這一次竟然從袖管裏掏出一枝毛筆。顏真卿嚇了一跳，這麼好看的毛筆，連吳本家都沒有呢。他不由得怦然心動，雙手接了過來。

「羨門子，你知道嗎？這枝筆可是大有來頭呢！」賀知章捋著鬍鬚說道。

「皇上賞賜的嗎？」顏真卿天真地回答。

「哈哈，那倒不是！這是日本國遣唐使阿倍仲麻呂送給我的禮物，我轉送給你了。哦，他已經改名叫晁衡了。」賀知章說道。

顏真卿哪裏知道什麼遣唐使，什麼阿倍仲麻呂，連忙謝過賀伯伯，蹦蹦跳跳地出來，只想回家跟兄弟們炫耀。回到院子裏，顏真卿看見了家裏養的斷腿鶴，潔白的羽毛在陽光下閃閃發亮，不由得眉頭一皺，想到一個鬼主意。

他飽蘸墨汁，揪住白鶴的翅膀，刷刷刷地寫了起來。正寫得興奮，突然聽見身後響起一聲斷喝：「十三，你幹什麼？」

「我……」顏真卿嚇了一跳，毛筆掉落在地。白鶴發出嘎嘎的驚叫聲，一瘸一拐地跑開了。

「你知不知道自己在幹什麼？斷腿鶴不能自由飛翔，本來就很可憐了。你非但不愛惜牠的羽毛，還這樣戲弄牠，這豈不是麻木不仁？」二哥允南嚴厲地說，「罰你三天不能寫字！」

允南比真卿年長十五歲，既像兄長，又像父親，真卿印象中的二哥從來都是和顏悅色，對自己疼愛有加啊。這樣的嚴厲讓他又是驚訝，又是羞愧，哇的一聲就哭了，邊哭邊往姑母家跑去。

聽了真卿的哭訴，姑母顏真定忍不住笑了。

「你二哥說得很對啊！曾子說過『夫子之道，忠恕而已矣』，你看這個『恕』字。」說著，姑母在地上寫了個大大的「恕」字。「上如下心，就是將心比心的意思。你在白鶴的翅膀上亂塗亂畫，逞一時之快，想過白鶴怎麼想嗎？」

「沒想過。」顏真卿低聲說道。

「這就是了。孔子說『己所不欲，勿施於人』，也是這個道理。哦，對了，這句話出自《論語・顏淵》篇，伯父教過你嗎？」

「嗯，教過。」

「顏回（字子顏，又稱顏淵）是孔子最得意的弟子，他去世那年，魯哀公在大野澤狩獵，獵獲一隻麒麟。孔子既哀顏子之不壽，又哀文脈之斷絕，悲慟地說『天喪予，天喪予』，可見顏子在孔子心裏的地位。顏子是我們顏氏的先祖，我們做後輩的，可不能玷汙了祖宗的名聲。」

顏真卿微微點頭，若有所思。顏真定繼續說道：「孔子曾說顏子『一簞食，一瓢飲，在陋巷，人不堪其憂，回也不改其樂』。姑母希望你記住這句話，無論何時何地，都能像顏子那樣甘受清貧，不改其樂。」

「是，姑母。」顏真卿認真地回答。

通化坊四面圍牆，四面有門，每天黃昏時，鼓樓上響起六百聲閉門鼓，所有坊門必須關閉，是謂宵禁。宵禁之後仍無故出坊行走，如果被巡視的金吾衛發現，要挨二十下笞打。好在通化坊足夠寬敞，伯父家、舅父家兄弟眾多，大家挑燈夜讀，勤奮練字，足以消磨漫漫長夜。

正月十五元宵節，長安全城解除宵禁，普天同慶，那是兒童最歡樂的夜晚。顏真卿和哥哥幼輿、弟弟允臧打著燈籠出門，走街串巷，沿著朱雀大街向南，滿街都是喜氣洋洋的笑臉。曲江池畔有各種百戲表演，踩高蹺、攀竿、胡騰舞、胡旋舞……孩子們最愛看的卻是來自西域的幻術。

正看得熱鬧，顏真卿突然從袖子裏掏出錢來，展示給兄弟們。

「看！」

「啊，哪來的錢？」幼輿和允臧興奮地喊道。

「舅父給的。走，買小吃去。」

說著，顏真卿拉起哥哥和弟弟，衝向點心鋪子。錢不多，只夠每人買個胡餅，不過這也足夠讓他們興奮整夜了。

不料，過完這個元宵節，顏真卿的童年就徹底結束了。舅父不幸去世，殷夫人失去了慈愛的兄長，也沒有了經濟支撐，感覺天都要塌了。自從丈夫去世之後，家裏十個孩子全靠兄長接濟和照顧。雖說大伯顏元孫也時常施以援手，可是大伯家裏也有五個孩子，生活並不寬裕。

怎麼辦？

看著孩子們，尤其是三個未成年的孩子，殷夫人只好遠赴蘇州，求助於老父親。真卿和允臧都是第一次走出春明門，第一次走出長安，滿心都是激動和好奇，哪裏能體會母親的心事。

馬蹄聲裏，長安城漸漸遠去，無邊的山河撲面而來。

終於在雁塔刻下名字

姑蘇和長安是完全不同的風貌。這裏山清水秀，既有江南的柔和溫潤，又有深厚的文化氛圍。顏真卿很快就適應了姑蘇的環境，經常拉著弟弟允臧到處遊玩，虎丘就是他們常去的好地方。

看著虎丘山上的吳王試劍石，顏真卿小心地把手放進裏面，不解地問：「阿桀，你說吳王的劍真有這麼鋒利嗎？」

「嗯，干將和莫邪鑄造寶劍，獻給吳王，吳王還不相信，隨手一劈，這塊石頭就成了兩半。我看有可能是真的吧？」允臧說道。

「我聽外公說，吳王下葬的時候，陪葬了三千把寶劍，其中還有魚腸劍，咱們好好找找，說不定還能找出來呢。」顏真卿說道。

兩個人上竄下跳，掀石頭，挖樹洞，真的找起寶劍來了。

「哈哈哈，你們兩個小傢伙，別費心思了。」不知什麼時候，外公出現在眼前，看透了他們的心思。

「外公，你怎麼來了？」兩個孩子停了下來。

「秦始皇和東吳大帝孫權都派兵挖過，你們看見劍池了嗎？那就是他們挖出來的大坑。哪有什麼寶劍啊？」外公說道。

祖孫三人坐在劍池的石頭上說說笑笑，外公從袖子裏掏出一把梅乾，遞給孩子們。真卿和允臧你爭我搶，吃得津津有味。外公伸手摸了摸真卿的腦袋，笑著問道：「羨門子，你知道你名字的意思嗎？」

「不知道啊。」顏真卿老實地回答。

「古人說，誰能吃到四節的靈芝，將來就會做到神仙世界裏的高官，那就是真卿了。」外祖父說。

「那，羨門子呢？」顏真卿對自己的乳名始終不解，趁機問道。

「羨門子也是古代的仙人啊。」外祖父說。

「外公，我也要吃仙丹，當神仙。」顏真卿說道。

「哈哈哈哈……神仙本是凡人做，只怕凡人心不堅啊。」外祖父笑著說道。

日子久了，母親常常念叨著要回長安。因為當時規定，國子監生的年齡在十四歲到十九歲之間，如果不是長安國子監和洛陽「東監」出身，考中進士的可能性微乎其微。母親害怕耽誤兒子的前程，外祖父考驗過外孫的學問功底，知道顏家的孩子家學淵源，實在沒有必要在國子監裏浪費太多時間。他要帶著孩子們好好欣賞江南的山山水水，有時泛舟太湖，瞭解范蠡和西施的傳說；有時登臨盤門和閶門，聽聽伍子胥的故事。歲月悠然而過，真卿和允臧靜靜享受著外祖父的薰陶。

「你們知道嗎？漢末以來，江南地區湧現出四位傑出的畫家——曹不興、顧愷之、陸探微、張僧繇。說來也是神奇，這四大家中竟有兩人都是姑蘇人氏，那顧愷之生於無錫，距此不足百里。曹不興呢，則是吳興人，也僅僅隔著太湖而已。」

聽著外祖父娓娓道來，顏真卿想起二哥講過的顧愷之吃甘蔗的故事。顧愷之喜歡甘蔗，每次都是先從苦澀的末梢吃起，最後才吃甘甜的根部，美其名曰「漸入佳境」。

「顧愷之作畫以形寫神，幾百年後仍栩栩如生，那是何等境界！南朝陸探微其實是學習顧愷之的，不過他又精通書法，便以書法入畫，最終開闢出新天地。」

顏真卿一邊聽，一邊在心裏琢磨著什麼是「以形寫神」，什麼是「書法入畫」。

「梁朝張僧繇曾在金陵安樂寺畫龍。那天他畫了四條龍，張牙舞爪，騰雲駕霧，非常逼真，可是沒有眼睛。有人覺得奇怪，龍怎能沒有眼睛？張僧繇說，畫上眼睛，龍就會飛走了。誰也不信，還以為張僧繇嚇唬人呢。張僧繇推辭不過，只好提起筆來，給兩條龍點上了眼睛。」

真卿和允臧聽得出神，目不轉睛地盯著外祖父的嘴唇。外祖父繼續說道：

「剛剛點上龍眼，剎那間電閃雷鳴，風雨交加，只見那兩條點睛之龍撞破牆壁，凌空飛起。至於那兩條沒有點睛的龍呢，還穩穩地趴在牆上。」

「外公，外公，這是真的嗎？真的有龍嗎？」允臧好奇地問道。

「張僧繇畫龍實有其事，肯定也畫得很好，觀者交口相傳，愈傳愈神，龍就飛起來了。不過，書畫同源，傳神都是最高的追求。倉頡造字，象形天地萬物，造成之日『天雨粟，鬼夜哭』，那不也是說倉頡造得傳神嗎？後來，筆畫屢經簡約，終成今日之字。若是普通人寫寫畫畫倒也沒什麼，我們習字之人，下筆時心裏一定要想到這個字的來歷，想到天地萬物的本源，那就是傳神了。」

顏真卿聽得心潮澎湃，想不到寫字這樣有學問，想不到自己寫字竟然和倉頡造字有了關係，那我能寫出「天雨粟，鬼夜哭」的字嗎？

「到了本朝，姑蘇又出了個能書之人。」原來外祖父說了這麼多，卻是為了引出這個人。「此人名叫張旭，他的母親陸夫人是逼迫女皇退位的名相張柬之的侄女，也是虞世南的外孫女。」外祖父說道。

「啊！張旭！我好像聽賀伯父說過，他的外號叫張顛！」顏真卿說。

「哈哈，這個張顛，嗜酒如命，每次喝醉了都是手舞足蹈，狂呼高歌，如癲如狂。

別人都是醉了就睡，他卻提筆潑墨，一揮而就。他與賀知章、張若虛、包融齊名，將來你可以向他請教。至於會不會收你為徒，那就看你的造化了。」

從此以後，真卿和允臧每天都在外祖父的指導之下勤奮練習，再也不肯偷懶耍滑，書法水準日有進益。

時光飛逝，歲月荏苒。轉眼之間，殷夫人和孩子們已經在姑蘇住了四年。這時，家中的幾個孩子已經長大成人，條件有所改善，加之思子心切，殷夫人便告別老父親，帶上孩子返回京城。

還是來時的道路，不過往日的孩童已經長成了落落青年。殷夫人坐在船艙裏，看著甲板上的真卿和允臧，心裏倍感欣慰。

正值陽春三月，河堤上綠草茵茵，繁花滿樹，楊柳隨風搖曳，無限多情。河面上檣櫓如林，風帆密佈，一派繁忙景象。

「哥哥，都說隋煬帝因為開掘運河而亡國，我看不盡然。要是沒有這條運河，我們從姑蘇到長安，顛也要顛死啦。」允臧大發感慨。

「運河亡國，那是毫無見識的昏話，我倒覺得煬帝此舉，必將惠及千載呢。」真卿說道。

回到闊別已久的長安，家人歡聚，自不必說，最重要的事情便是進國子監讀太學了。那天早晨吃過飯，接過母親遞來的書篋，顏真卿轉身走向門外。即將邁過門檻的時候，忽然停下腳步，好像想起了什麼。他知道母親在身後望著自己。外面沒有風，屋子裏也很安靜，他聽見了母親的心跳聲，還有那聲含在嗓子裏幾欲脫口而出的呼喚：「羨門子」。

這就要告別母親，獨自走出通化坊了嗎？不知不覺間，淚水已經滑出眼眶，滑落臉頰，落在腳下的土地上無聲無息，卻又彷彿在他心裏盪起層層疊疊的漣漪。

突然，顏真卿轉過頭來，衝著母親深深地鞠了一躬，然後不等母親說話，急忙轉過身去，飛快地邁過門檻，快步走過十字大街，走出通化坊。穿過朱雀大街，向東走過開化坊，薦福寺的小雁塔依然高聳入雲，經過晨光的塗抹，更加金碧輝煌。

再向北不遠就是務本坊了，嚮往已久的國子監就在這裏。

顏真卿從小就打下了堅實的基礎，現在條件優渥，時間寬裕，學習起來更是如魚得水，如虎添翼。除了規定必修的「五經」，他還遍覽經典，像《孝經》、《論語》這樣的公共課目，太學規定學期一年，他一個月就能掌握，剩下的時間就用來精研《史記》、《漢書》等史籍，以充實自己的學問。

有時會想起二哥說過的雁塔題名。他熱切地盼望這一天快快到來，好讓年邁的姑母、母親、伯父為自己驕傲，也好告慰舅父的英靈。

誰知噩耗突然傳來，伯父去世了。聽到消息的那一刻，顏真卿只覺得天旋地轉，久久不能自已。顏真卿四歲喪父，父親對他來說，只是渺渺茫茫的名字和母親偶爾講述的故事，伯父填補了他內心深處父親的位置，又像循循善誘的老師，教他讀書寫字。

伯父膝下五子，春卿、杲卿、曜卿、旭卿、茂曾，當時大哥春卿正出任絳州翼城縣丞，伯父死於翼城（今屬山西）。帶著母親和姑母的囑託，顏真卿獨自趕到翼城，參加了伯父的葬禮。他在心裏暗暗發誓，一定要金榜題名，絕不辜負伯父的教養之恩。

開元二十二年（七三四年）夏天，長安城裏陰雨連綿，大街小巷泥濘不堪，車馬斷絕，米價跳著腳地上漲。看著母親的臉上愁雲密佈，顏真卿心如刀割，更加渴望在秋天的科考中一舉奪魁，也讓母親為自己驕傲，好好過個舒心的晚年。

新任宰相張九齡任用考功員外郎孫逖主持科舉考試。對於顏真卿和大多數太學生來說，孫逖的名字如雷貫耳。這個人是了不起的神童，十八歲登科，名動京城。

知道孫逖當考官之後，顏真卿隱隱地預感到自己肯定能高中榜首。等到放榜日，坊門剛剛開啟，顏真卿就迫不及待地奪門而出，拔腿衝向禮部。禮部南門外人山人海，每個人都在翹首尋找熟悉的名字。顏真卿也顧不上斯文，努力擠上前，瞪大眼睛尋找自己的名字。本科進士及第者共有二十七人，狀元名叫李琚。

「顏真卿！」

看到自己名字的剎那，顏真卿不由得脫口而出。沒錯，沒錯，真的是自己。人群還在湧動，當他轉過身來的時候，淚水已經打溼了臉頰。

太好了，十幾年的苦讀沒有白費；太好了，母親、姑母、伯父、舅父的諄諄教導沒有辜負。

及第以後，各種事務紛至沓來，國子監裏平靜的歲月一去不回。首先要會同進士拜見座主，也就是主考官孫逖，然後在座主的帶領下拜見宰相和中書舍人，稱為「過堂」。

顏真卿第一次見到了聞名已久的張九齡，立刻被他的風度折服，滿心景仰。隨後是名目繁多的宴會，最熱鬧的當屬曲江宴。長安人傾城而出，爭睹新科進士們的風采。曲江岸邊，人頭攢動，達官貴人家的小姐們精心打扮，除了湊熱鬧，還有個祕不示人的想法，那就是挑選稱心如意的乘龍快婿。哪個姑娘不想嫁個才華橫溢的進士呢？

洛陽拜師

進士及第，又通過了吏部銓選，顏真卿被授為朝散郎、祕書省著作局校書郎，正式步入仕途。誰知就在春風得意的時候，噩耗卻也接二連三地傳來。

先是八十四歲高齡的姑母顏真定亡故，不久母親殷夫人也因病去世。顏真卿正準備在開元政壇上大顯身手，好好報答母親和姑母，不料迭逢大喪，只得告假回家，專心為母親守孝。

回到熟悉的通化坊，顏真卿立刻感覺到它是那麼沉寂，那麼逼仄，曾經的歡聲笑語彷彿凍結在歲月深處，曾經高聳的坊牆似乎也變矮了，一切都褪下了鮮亮的外衣，顯得衰敗不堪。那面被泥巴反覆塗抹過的牆壁上仍然留著自己和弟弟的字跡，如今物是人非，兄弟們星散而去，疼愛自己的長輩們也相繼故去。年華輪轉，現在是自己這代人上場的時候了嗎？

好在妻子韋夫人體貼知心，陪伴顏真卿度過了悲傷而又恓惶的日子。這一天，顏真卿正在習字，韋夫人急匆匆地走進書房，遞來一封家書。顏真卿連忙拆開，偃師（今屬河南）縣丞任上的堂兄春卿得了重病，急切想要見他。

幾年不見，顏春卿完全變了個人，形容枯槁，眼窩深陷，頭髮像亂草似的堆在枕頭上。曾經風華正茂的大哥變成這番模樣，顏真卿心如刀割，淚如雨下，緊緊地抱著春卿的手。

春卿看到真卿，臉上露出從容的笑容，使出全身最後的力氣，說道：「真卿，想不到我臨死之前還能見你一面，很好，很好。」

「大哥，你不要灰心，好好養病，會好起來的。」顏真卿說道。

「我這病，好不了了。真卿，我知道，你比兄弟們都強，一定能夠壯大咱們顏家，只可惜……」說到這裏，兩顆淚珠艱難地滾出顏春卿的眼窩，「只可惜我看不到了。孩子們……託付給你了……」

說完，正當壯年的顏春卿溘然長逝。

顏真卿心如刀割，卻又深深地意識到肩上的擔子更重了。

顏真卿清楚地記得，大詩人王之渙去世那年，皇帝改年號為天寶（七四二年）。那年七月，名將裴旻從河北（指河北道，轄今河北大部，河南、山西、北京、天津的一部份）回長安獻捷，唐玄宗興奮不已，賜宴於興慶宮花萼相輝樓。群臣激動，裴旻也深感榮寵，請求當眾舞劍助興。

那天的宴會吃了什麼，顏真卿很快就忘了，然而裴旻時而瀟灑凌厲，時而徘徊低沉的劍舞卻給他留下了深刻的印象。晚上回到家裏，他不停地跟韋夫人描述，還忍不住站起來模仿，只是握慣了筆管的手，實在不適合拿劍，逗得夫人哈哈大笑。

夜深人靜，夫人已經安歇，顏真卿披衣下床，來到書桌前，揮毫寫下〈贈裴將軍〉詩：

大君制六合，猛將清九垓。
戰馬若龍虎，騰陵何壯哉。
將軍臨北荒，恒赫耀英材。
劒舞躍游電，隨風縈且迴。
……

顏真卿揮灑自如，全然不顧章法，紙上混雜著楷書、行書、草書，字體的大小、長短、肥瘦、斜正也都變化多端。耳邊忽然響起外祖父說過的張旭，他不是叫張顛嗎？都說他喜歡在醉酒之後寫字，是不是也是這樣肆無忌憚呢？

端詳著這幅遊戲之作，顏真卿驀地感到意興索然，默默地想道，也不知道我的字有沒有長進？要是能親眼看看張旭寫字就好了。

為什麼不拜他為師呢？賀知章和張旭是朋友，不難結識。誰知真正見面之後，張旭只跟顏真卿聊些無關緊要的話題，比如長安城裏的物價啊，朋友們的去留啊，還有顏真卿擔任地方官的體會，至於書法卻是隻字不提。

顏真卿見自己始終無法走進張旭的心裏，知道是時機未到，不過對他更加恭敬，早就暗暗地把張旭當成了自己的老師。

天寶四載（七四五年），顏真卿卸任醴泉（今陝西禮泉）縣尉，還在等候下個任期。他信步來到張旭舊宅，卻發現人去屋空，連忙去問賀知章，這才知道張旭被裴儆請去洛陽，已經一年有餘了。左右無事，他決定去洛陽碰碰運氣。

大雪過後的洛陽城像一張潔白的宣紙，靜靜地鋪在天地之間。顏真卿牽著馬，徐徐走過街市。已經來過兩三次洛陽了，只是沒有心思好好打量這座長安之外最大的城市，如今仔細觀望，赫然發現它的壯美並不遜於長安。

武則天奪位之後，為了躲避反對勢力而遷都於洛陽，重新修築紫微城。女皇自稱彌勒佛轉世，大興佛法，不惜重金，建起了被稱作萬象神宮和通天浮屠的明堂和天堂。

顏真卿遠遠望著高聳入雲的明堂，明堂披著厚厚的白雪，無聲地矗立於天地間。磚石不朽，女皇安在哉？

很快來到裴府，僕人引領顏真卿來到張旭寄住的小院。

「每天這個時候，張長史都會睡覺休息。」

僕人正要進去通報，顏真卿連忙拉住了他：「不要打擾，你去吧。」

顏真卿靜靜地站在雪地裏，等候張旭醒來。雪花悄然落地，不知不覺就加厚了一層。這讓他想起自己和弟弟塗過的泥巴，寫滿字後再塗一遍，最後統統刮淨，重新來過，多麼像雪蓋住地上的腳印。他和弟弟是這樣，小時候的父親和伯父也是這樣吧？他們寫過的第一行字又是什麼？會不會也是「天地玄黃，宇宙洪荒」？

胡思亂想間，忽然聽見門裏響起吟誦聲。

「隱隱飛橋隔野煙，石磯西畔問漁船。」

這是張旭的名詩〈桃花溪〉，顏真卿喜愛之極，早已背得滾瓜爛熟，情不自禁地高聲接誦道：「桃花盡日隨流水，洞在清溪何處邊。」

吱呀一聲，木門開處，身披綿袍的張旭露出頭來。

「哦，是清臣啊，快進來吧。」

張旭並不急於跟顏真卿聊寫字，心情好的時候就拉著他上街喝酒，或者去白馬寺遊玩。那天，張旭牽來兩匹駿馬，叫顏真卿跟上自己，縱馬出定鼎門，徑直向南疾馳而去。馬蹄踏踏，雪花飛揚，顏真卿感到無比痛快，就是不知道要去哪兒。

大約半個時辰，兩人來到伊水西側的龍門山，依次走過自北魏以來建造的石窟寺。那巧奪天工的造像，那莊嚴和藹的菩薩，真讓顏真卿大開眼界，目不暇接。走過最北端的潛溪寺，走過北魏時期的賓陽三洞，走過琳琅滿目的萬佛洞，張旭駐足於武則天修建的奉先寺前。中央的盧舍那大佛足足有五丈多高，面容豐腴、形態飽滿，正慈眉善目地注視著眼前緩緩流淌的伊水，安詳而又親切。石窟寺中還有兩位弟子、兩位菩薩、兩位天王、兩位力士，連同大佛共是九尊，無不栩栩如生。

「看袈裟！」張旭提醒顏真卿。

顏真卿恍然大悟，細細打量大佛身上的通肩式袈裟。無論是衣服的紋理，還是上面的飾物，都與實物無異，彷彿有風吹來便能飄然臨空。這可是石頭雕刻而成的啊！石頭本是至堅至剛之物，經過這番雕琢，竟然變得如此柔和可親，道家常說「剛柔相濟」，世間還有更完美的剛柔相濟嗎？

顏真卿看得心旌搖蕩，張旭在旁邊說道：「這大佛就是武皇本像呢。」啊！顏真卿簡直不敢相信自己的耳朵，從小就聽姑母說過無數遍的女皇竟然就是這沉默無聲的大佛？顏真卿愣在那裏，良久無語。

「如果把紙當做石頭，筆就是石匠手裏的刻刀。一刀刀下去，百煉鋼化作繞指柔。只有脫胎於剛，那才是帶骨的柔，有如奉先寺的盧舍那大佛。」

坐在爐火旁，張旭一邊啜飲美酒，一邊娓娓道來。

顏真卿第一次聽張旭談及書法，連忙凝神靜聽，唯恐漏掉一句話，錯過一個字。

「最早寫字，我的眼裏也只有張芝、索靖、鍾繇、二王，看得愈多，陷得愈深，無非是橫豎撇捺的筆畫而已，於是大感苦惱，再難精進。後來在長安酒肆裏喝酒，忽然間看到樓下有公主和挑夫爭路，兩人互不相讓，都要先走，結果誰都走不成。初看時我只覺得有趣，再看挑夫的木桶，隨著挑夫的腳步左傾右斜，公主的衣袂飄飄揚揚，天啊，這不就是我落在紙上的筆畫嗎？」

顏真卿緊盯著爐火，眼前浮現出公主和挑夫爭路的情景。

「從此以後，我便留心觀察街市上的販夫走卒，感覺天地萬物都與書法有了關聯。我這才想通了王右軍寫經換鵝的故事。」張旭繼續說道。

顏真卿從小就聽過王羲之寫經換鵝的故事。山陰縣有位老道士，很想得到王羲之寫的〈黃庭經〉，可是王羲之名滿天下，怎麼會為他寫經呢？後來聽說王羲之愛鵝，於是精心養了很多白鵝，每天都到王羲之郊遊的地方守候。幾天後，總算等到王羲之。王羲之看到那群白鵝，激動不已，很想買下來。那道士卻不肯賣，跟王羲之說，你只要給我寫一卷〈黃庭經〉，這些鵝統統奉送。王羲之拿出筆墨，當場寫就經書，送給道士，欣喜地趕著鵝群回家了。

現在再聽張旭說起這個故事，顏真卿立刻意識到這裏大有奧妙，王羲之肯定是向鵝學習寫字，通過鵝的體態、行走和游泳等姿勢，體會執筆、運筆的道理。

轉眼間，顏真卿來洛陽已經一個多月了。臨行之前，他誠懇地請教筆法。這次，張旭沒有哈哈大笑，而是認真地叩問顏真卿對鍾繇筆法十二意的理解。顏真卿認真回答，他從旁加以指點。

問答完畢，張旭意猶未盡，繼續說道：「我舅父陸彥遠跟我說過八個字，『如錐畫沙，如印印泥』。他說這是褚遂良的感悟。為了理解這八個字，我用去了半生，希望你能比我快吧。」

從張旭口中聽到褚遂良的名字，顏真卿激動不已。「如錐畫沙，如印印泥」，他想起小時候在大雁塔臨摹〈大唐三藏聖教序〉的情景，想來人生真是奇妙！

臨別那天，張旭親自送到大門外。顏真卿深深鞠躬，轉過身去，張旭忽然拉住他的手，殷切地囑咐道：「人人都知道歐、虞、褚、薛（唐初四大書法家：歐陽詢、虞世南、褚遂良、薛稷），豈不知四大家也是脫胎於王右軍，有的只是魏晉風流，卻少了大唐的風度。大唐風度，其在子乎？」

書〈多寶塔碑〉

老伯賀知章八十六歲了，多次請求回歸故里，唐玄宗就是不准，後來終於同意他以道士身份回歸故里。顏真卿知道之後，清早便趕到宣平坊，幫助賀知章收拾行李，牽著驢車送行。

兩人都知道這應該是最後的分別了，從此天涯路遠，只怕再沒有相逢的機會。顏真卿腳步沉重，幾次開口，又怕說出什麼傷感的話。

賀知章掀開車簾，注視著顏真卿，緩緩說道：「羨門子啊！羨門子，就這麼一眨眼的工夫，你已經長成了朝廷命官，老夫也成了垂垂老朽。」

「伯父，你說李白是謫仙人，羨門子卻說你老才是真正的地上神仙呢。」顏真卿說道。

「好好，羨門子說我是神仙，那我就是神仙啦。」賀知章頓了頓，接著說道：「說來也是巧合，我與你先祖顏師古都做過祕書監，只是他校訂五經，注解《漢書》，名山事業，本朝罕有。別看本朝儒、釋、道三教合流，說到治國平天下，還是首推孔顏之學，那才是你的本份呢，勉之，勉之！」

走出春明門，唐玄宗、太子李亨率領群臣在長樂坡望春亭設宴送別。皇上格外捨不得這位老臣，不僅再三勸酒，還寫下了深情款款的詩句：

遺榮期入道，辭老竟抽簪。
豈不惜賢達，其如高尚心。
寰中得祕要，方外散幽襟。
獨有青門餞，群公悵別深。

既然皇上做出表率，前來送行的大臣們也都紛紛寫了和詩。宰相李林甫這樣寫道：

挂冠知止足，豈獨漢疏賢。
入道求真侶，辭恩訪列仙。

睿文含日月，宸翰動雲煙。
鶴駕吳鄉遠，遙遙南斗邊。

顏真卿細細品味著李林甫的詩句，再抬頭看看他左右逢源、拚命邀寵的樣子，心裏很是不舒服。送別賀知章歸來，他的眼前始終晃動著李林甫的身影，揮之不去。

李林甫是皇室宗親，當今皇帝要管他叫叔父。這個人生性陰柔，精於權謀，人人都知道他「口有蜜，腹有劍」，尤其善於結交宦官和妃嬪，後來買通了玄宗寵愛的武惠妃，得以官拜吏部尚書、同中書門下三品，與裴耀卿、張九齡並列為宰相。

張九齡為人正派，常常規諫天子，無奈唐玄宗再也不是銳意進取的開元天子，漸漸聽不進逆耳忠言。李林甫趁機大進讒言，趕走張九齡，獨攬大權，隨後聯合武惠妃，誘使皇上處死了三個兒子：太子李瑛、鄂王李瑤、光王李琚。原以為除掉太子，武惠妃的親生兒子李瑁就會進位為太子，誰知皇上偏偏喜歡楊氏所生的李亨。

害死三王不久，機關算盡的武惠妃也因驚嚇過度而死。玄宗寂寞難耐，看中了壽王李瑁的王妃楊玉環，召進皇宮，封為貴妃。可憐的李瑁不但沒做成太子，還賠上了夫人。

為了鞏固自己的地位，防止擔任節度使的文臣回京後當宰相，李林甫勸玄宗改任武將為藩鎮節度使，哥舒翰、高仙芝等外藩將領都成為掌控地方軍政大權的節度使。這當中晉陞最快、最為傳奇的當屬安祿山。

別看安祿山是一介武夫，頭腦卻很靈活，捨得花重金賄賂往來的朝廷官員，請他們在皇上和宰相面前多多美言，從而贏得了皇上和李林甫的信任和喜愛。楊貴妃得寵後，安祿山眼見有機可乘，請求拜比自己年輕十六歲的楊貴妃為乾娘。以後每次進宮朝見，都是先拜貴妃，再拜天子。唐玄宗覺得奇怪，追問原因。安祿山巧妙地回答：「兒臣是胡人，胡人都把母親放在前頭。」

唐玄宗還很高興，命令楊家兄妹同安祿山結為兄弟姊妹。

楊國忠原本只是楊玉環的從兄，沒有血緣，千方百計打通貴妃的關係，迅速成為皇上面前的紅人，不到一年時間身兼十五個重要職務，成為朝廷重臣。楊國忠的府邸位於宣陽坊東側，足足比街西的名將高仙芝家大出兩倍，亭台水榭，樓閣池苑，應有盡有。

李林甫、安祿山、楊國忠，攜手登上了天寶年間的政治舞台。正直的人們都看不慣這三大奸臣，唯獨唐玄宗沉浸在神仙夢裏不肯醒來。也是在這個時候，顏真卿升任監察御史，終於有了進入大明宮的資格。每天早朝，他都要從丹鳳門進宮，步行二里路，走到含元殿。含元殿左右兩側是翔鸞閣和棲鳳閣。站在殿前，仰望高高矗立的含元殿，感覺如在雲端，面對著玉帝的凌霄寶殿。

顏真卿身處權力漩渦，秉持忠義正直的家風，既不阿附楊國忠，也不靠近李林甫。天寶六載（七四七年），李林甫陷害名臣楊慎矜，迫令楊氏三兄弟自盡，家眷全部發配流放，不得留在京城。楊慎矜本是隋煬帝楊廣的玄孫，相貌堂堂，富有才幹，尤其善於理財。唐玄宗日益奢靡，花費無度，改變原來的守邊政策為武力開邊，幸虧楊慎矜掌管財政，提供了源源不斷的財力支撐。楊慎矜愈受重用，李林甫愈不舒服，屢屢在皇上耳邊惡語相傷，最後給他安上了「復辟隋朝」的罪名。

顏真卿受命到東都宣讀詔書，賜楊慎矜的弟弟楊慎名自盡。按照朝廷的規矩，使者讀完詔書，罪臣必須當場服毒自盡。楊慎名懇求顏真卿說，家裏還有獨居的年邁老姊，恐怕我死之後無人照顧，請允許我給她寫封遺書。顏真卿知道這是李林甫羅織的冤案，心裏同情楊家，於是冒著風險說道：

「楊公，請自便。」

這讓楊慎名感激不已。

顏真卿的不合作也招致李林甫的嫉恨，於是被外放為河東、朔方軍試覆屯交兵使。對於這次外任，顏真卿欣然就道，遠離朝廷上的汙穢未嘗不是好事，他也正想看看壯麗的大唐山川，見識邊地的風土人情。

輾轉到達太原，顏真卿聽說了一件怪事：一位老婦人去世之後，棺材停放在佛寺裏，足足二十九年沒有安葬。老婦人本有三個兒子，而且都做了縣令、縣尉等官，卻不為亡母下葬，真是喪盡天良。顏真卿氣憤不已，想不到世上還有如此狠心的兒子，竟然安心吃著朝廷俸祿。他當即上書朝廷，剝奪鄭氏三兄弟的為官資格，永世不得復用。

三年期滿，顏真卿回到長安，升任侍御史。這時，二兄允南任左補闕，兩兄弟同在朝廷，家門榮耀。

晚年的玄宗變得好大喜功。他讓養子王忠嗣攻打吐蕃據守的石堡城，王忠嗣為人誠懇，覺得石堡城地形險固，吐蕃舉國而守，即使攻下來也要死傷數萬人，實在得不償失。

玄宗卻不高興，命哥舒翰接替王忠嗣，率領十幾萬大軍攻破石堡城。事實果如王忠嗣所料，數萬士兵命喪荒野。玄宗看不見戰死沙場的士兵，只是重重獎賞哥舒翰，讓他回京報功。哥舒翰端坐在朝廷上大聲喧譁，完全不顧朝廷禮儀。顏真卿當然看不慣，憤然上書彈劾。不料玄宗非但沒有怪罪哥舒翰，反過來還責罵顏真卿侮辱功臣。

顏真卿大失所望，回到家中，悶悶不樂。韋夫人問起來，顏真卿便詳細說了這件事。韋夫人說道：「皇上不是從前的皇上了，你還是從前的你。」說者無心，聽者有意，顏真卿仔細一想，還真是這樣。

楊國忠出身寒微，沒什麼根基，現在有了哥舒翰做榜樣，也想依樣畫葫蘆，打出幾件軍功，好為自己壯膽，於是鼓動皇上對南詔用兵。兩次出兵幾十萬，慘遭大敗，無數士兵稀里糊塗地喪身戰場，無數家庭支離破碎。

北方的安祿山也屢啟戰端，積累軍功，再加上李林甫在皇上面前的甜言蜜語，竟然身兼平盧（治所營州，今遼寧朝陽）、范陽（治所幽州，今北京西南）、河東（治所太原，今屬山西）三鎮節度使，手握幾十萬雄兵，成為唐朝開國以來從未有過的先例。

唐玄宗對安祿山的寵愛無以復加，為他在宣陽坊以南的親仁坊修建豪宅，奢侈華麗足以媲美皇宮。仗著楊貴妃養子的身份，安祿山要風有風，要雨有雨。生日那天，皇上和貴妃親自為他祝壽，大加賞賜。楊貴妃更是別出心裁，非要把乾娘的戲份做足不可。她用綢緞縫了個大襁褓，命令宮女和太監裹著安祿山，抬進宮來，說是為嬰兒洗浴。長安城裏都在傳揚這樁宮廷鬧劇，玄宗卻不以為醜，反倒開懷大笑。

李林甫去世之後，安祿山感覺壓在身上的巨石徹底粉碎，放眼天下，捨我其誰？楊國忠當然不能容忍，多次進言說安祿山有謀反的野心。唐玄宗只當做耳旁風，根本不相信安祿山會謀反。

顏真卿人微言輕，無力糾正朝廷的汙穢風氣，於是勤奮練習書法，用心體會張旭所說的「如錐畫沙，如印印泥」，逐漸形成了自己的風格。長安城裏，請他題寫墓誌和碑文的人愈來愈多。

千福寺的主持楚金法師也來了。

千福寺多寶塔的建成轟動長安，甚至驚動了唐玄宗。玄宗夢見自己登上一座九層寶塔，想看看寶塔叫什麼名字，卻只發現一個「金」字，醒來後跟近臣打聽，得知千福寺有個法師叫楚金。玄宗很高興，特別召見楚金法師，聽說他要建佛塔，當即賞錢五十萬、絹千匹，親筆題寫了塔額。

這位楚金法師也不簡單。他本姓程，是長安盩厔（今作周至）人，母親生他時夢見過佛祖，九歲那年就送進長安龍興寺削髮為僧，十八歲就成了長安城裏有名的禪師。三十歲那年，楚金法師夜誦《法華經》，眼前忽見多寶佛塔，於是發願建塔，誰知竟應了天子美夢。消息傳開後，長安城裏的達官貴人紛紛捐錢資助。

落成之日，楚金法師特別邀請名士岑勳（也就是李白〈將進酒〉裏的「岑夫子」）撰寫碑文，請顏真卿書丹（古代刻石有三個步驟，撰文、書丹、勒石，書丹就是用硃砂把文字寫在石碑上）。顏真卿早已聽說過楚金法師和多寶塔的軼事，再加上岑勳撰文，題寫隸書碑額的又是同出張旭門下、比自己年長六歲的大書家徐浩，欣然趕赴安定坊內的千福寺，很快便以楷書寫成了〈大唐西京千福寺多寶佛塔感應碑〉（也稱〈多寶塔碑〉，是顏真卿最有代表性的書法作品，現藏於西安碑林第二室）。

顏真卿很好地消化了張旭所說的剛柔並濟之說，落筆沉著剛毅，結構平穩端莊，豐腴而不臃腫，剛毅而不外露，風骨融合秀媚，雄渾不失瀟灑，與初唐大家漸行漸遠，愈來愈有「顏體」的味道。

只是皇上昏聵，奸臣肆無忌憚。楊國忠還不如李林甫，凡是不肯依附自己的朝中大臣，都會想方設法地打擊排擠。天寶十二載（七五三年），十幾位官員同時放了外任，顏真卿被任命為平原（平原郡，今山東德州）太守。唐玄宗在蓬萊殿設宴，為即將奔赴地方的官員們餞行，席間又是賦詩，又是贈帛，顯示天子的恩寵。

這時，好友岑參剛好從高仙芝幕府回長安奏事，知道顏真卿要去平原上任，送到灞橋，折柳送別。

一路北上，顏真卿的心裏百味雜陳。大唐的天空陰雲密佈，一場暴風雨眼看就要來了。

欺騙安祿山

上任平原太守的第二年，顏真卿接到了老朋友高適發自河西的信，除了熱情洋溢的問候，還附有汪洋恣肆的〈奉寄平原顏太守〉二十韻。

「達夫兄，久違了！」

細細讀著高適的來信，顏真卿只覺得春風拂面，心中湧起陣陣暖流，忍不住在心底輕聲呼喚高適的名字。回想兩人初識的光景，還是開元二十四年（七三六年）的春天，當時自己剛剛通過吏部銓選，可謂春風得意，高適雖然名落孫山，卻不失豪情壯志。顏真卿誠心正意、落落如松的氣質讓高適深深折服，而高適身為布衣、志在千里的豪氣也讓顏真卿佩服不已。唉，光陰似箭，轉眼都快過去二十年了。許久不見，讀到高適的新作，那份雄心萬丈的豪情依然不減不滅，顏真卿很為朋友高興。

「皇皇平原守，馹馬出關東。銀印垂腰下，天書在篋中。自承到官後，高枕揚清風。

豪富已低首，逋逃還力農。」

再看高適的讚美之詞，顏真卿又覺得愧不敢當。自從走馬平原，上任太守之後，他始終兢兢業業，勸農勸學，尋隱訪微，努力做個稱職的地方官，並沒有什麼突出的政績。

這一天，他特意趕到安陵縣（今山東德州），尋訪處士張鎬。張鎬身為布衣，卻如玉樹臨風，舉止不凡，言談之間，顏真卿更感覺這個年輕人胸懷大志，識見宏遠，於是誠懇地向他請教為官之道。

張鎬說道：「太守不來看我，我也過得很好。想我平原百姓是如此，天下百姓也是如此，只要官府不打擾，人人都知道怎麼過日子。」

顏真卿聽了哈哈大笑：「張先生說得好啊！你讓我想起前輩陸象先說過的話，『天下本無事，庸人自擾之』，說的也是這個道理。」

「陸相公？」張鎬問道。

「是啊，我伯父顏元孫、舅父殷踐猷都是陸相公的至交，真卿年少之時，時常聆聽相公教誨，有些話記在心裏，永遠忘不了。陸相公還說『為政者理則可矣，何必嚴刑樹威？損人益己，恐非仁恕之道』。適才聽先生之言，大有妙趣，可謂心有靈犀。」

這次見面，顏真卿對張鎬非常欣賞，於是上書朝廷，推薦他做了左拾遺。張鎬猶如大鵬借力，三年後就做到了大唐宰相，那又是顏真卿萬萬想不到的了。

顏真卿勤於政事，同時密切關注范陽那邊的動向，常常感到如履薄冰，如臨深淵，好像一塊巨石壓在胸口。

這塊巨石就是安祿山。

安祿山統兵數十萬，戰馬數萬匹，正在范陽城北修築雄武城，看似防禦侵略，暗中卻在儲備兵器和糧草。司馬昭之心，路人皆知！明眼人都知道安祿山圖謀不軌，唯獨皇上還蒙在鼓裏，依舊對他寵信有加。

楊國忠多次請求皇上召見安祿山，考驗他的忠心。楊國忠說：「如果安祿山敢於進京，那說明他心裏沒鬼；如果不敢進京，那就是謀反的證據。」

唐玄宗耐不住楊國忠的軟磨硬泡，只好下詔考驗，沒想到安祿山真的來了。他急匆匆趕赴華清宮，拜見唐玄宗。玄宗高興得哈哈大笑，連連誇獎：「祿兒是忠臣，祿兒是忠臣啊！」

安祿山趁機大倒苦水：「陛下，兒臣是外族人，又不識漢字。自從皇上越級提拔兒臣之後，楊國忠就滿心嫉妒，非要置我於死地而後快！還請皇上給兒臣做主！」

「祿兒的忠心，朕比誰都清楚，放心吧。」玄宗反過來安慰安祿山，任命他為左僕射。

覲見玄宗後，安祿山不動聲色地離開長安，命令沿途準備好船隻、水手，一出潼關就每隔十五里換船，星夜兼程，平安回到范陽大本營。

三月底，凱風自南來，天地間是鋪天蓋地的綠色。顏真卿正和封紹、高篔等學者在郡衙裏編纂《韻海鏡源》，抬頭看了看窗外，情不自禁地伸了伸懶腰，說道：「諸公辛苦了，趁著晴天麗日，我們踏青去吧。」

眾人齊聲說好。正在這時，族弟顏渾急匆匆跑了進來，附在顏真卿耳邊說了幾句什麼。顏真卿臉色驟變，登時跌坐在椅子上。

「顏公，顏公！」

封紹急切地呼喚顏真卿，不知道發生了什麼事。良久之後，顏真卿坐正了身體，眼睛掃視面前的學者，緩慢而有力地說道：

「事情不妙啊，適才渾弟說，安祿山急回范陽，看來是等不及了！」

「難道陛下就看不出來？」高簤不解地問道。

「唉，按說咱們做臣子的不該背後亂說，可是事關江山社稷，也就顧不得了。我記得前來平原赴任之前，天子在蓬萊殿賜宴，為即將離京的新太守餞行。席間，天子親自賦詩相贈，還賞賜了繒帛。皇恩浩蕩，當然是沒的說，不過我總有奇怪的感覺……」說到這裏，顏真卿欲言又止。

「什麼感覺？」顏渾問道。

「陛下臉色浮腫，眼神迷離，甚至……甚至有些魂不守舍，說起話來前言不搭後語。最要命的是不知是誰提及安祿山，無非是提醒陛下多加防範而已，不料惹得陛下大怒，差點兒要將那人處死。後來，凡是有人說安祿山的壞話，陛下都要把人押送范陽，交給安祿山處理，唉！」顏真卿歎息道。

「那我們怎麼辦？」顏渾也感到事態的嚴重。

「最初接到來平原的詔令，我只當是楊國忠對我的迫害。如今想來，這是蒼天對我顏真卿的考驗啊。平原地近范陽，如果安祿山起兵，咱們首當其衝，必須做好萬全的防範。你們繼續編書，我馬上去做佈置。」

顏真卿起身趕往大堂，緊急召集錄事參軍李擇交和刁萬歲、和琳、徐浩、馬相如等人，部署加固城牆、疏浚護城河、登記壯丁、儲備糧草等事宜，同時嚴令眾人務必保守祕密，對外只說是防備雨季，又派出得力人手，喬裝打扮到范陽，祕密打探安祿山的動向。

安排停當以後，顏真卿乾脆做起了「甩手太守」，除了繼續編纂《韻海鏡源》，偶爾還率領朋友們遊山玩水。

這邊顏真卿緊鑼密鼓做籌備，那邊安祿山似乎也嗅出了什麼味道，作為「上司」，派人來平原視察工作。河北採訪使判官平冽率同監察御史閻寬、李史魚、宋膋等人，浩浩蕩蕩地趕往平原郡。

顏真卿不敢怠慢，率領堂兄顏曜卿、族弟顏渾，兩位妻弟韋宅相、韋夏有，還有平原郡當地官員蕭晉用、李伯魚、鄭悟初等人，出城十里，熱情迎接。

那天寒風凜冽，官道兩旁的大樹伸長著光禿禿的枝椏，刺向昏暗的天空。前幾日的積雪已經被碾壓得斑斑駁駁，地上印著深深的車轍。幾個人不停地跺腳，連呼「受罪，受罪」。顏真卿心中忐忑，並不覺得多麼寒冷。他時而眺望官道盡頭，時而低頭沉思，盤算著自己的計畫。

來吧，應該不會有什麼破綻了。

「來了！」

不知是誰喊了一聲，視線盡頭出現了幾輛馬車，趕車人「駕、駕」的喊聲透露出趾高氣揚的囂張。不多時，馬車已近，顏真卿快步上前，衝著最前面的馬車拱手施禮。

「平公遠道而來，辛苦辛苦！」

車上走出一個年紀不大的官員，首先掃視了一遍眾人，然後才看向衝著自己說話的顏真卿，臉上堆出笑容。

「顏太守親自出迎，這叫卑職何以克當！」

說話的人正是平冽，隨行的閻寬、李史魚、宋謇等人一一相見行禮，便由顏真卿導引，往城門走去。

快到城門時，路旁一座祠廟裏傳出叮叮噹噹的響聲。平冽非常警覺，豎起耳朵仔細聽，眼睛注視著祠廟。

顏真卿胸有成竹，知道平冽在想什麼，熱情地說道：

「平公，這裏是先漢太中大夫東方朔的祠廟，工匠們正在刻碑，您若是有意，不妨移步過去看看。」

「好說，好說，那就看看吧。」

東方朔是漢武帝時期的名臣，平原厭次（今山東德州）人，西晉名士夏侯湛曾作〈東方朔畫贊并序〉，開元八年（七二〇年）韓思復主政平原時，命人刻成石碑。遺憾的是年深日久，字跡早已漫漶不清，顏真卿尋訪舊碑，有感於東方朔大隱隱於朝，自貶為蒼生的精神，重寫〈東方朔畫贊〉，命匠人重新刻碑。

顏真卿熱情介紹東方朔的事蹟、碑銘的來歷和重刻的緣起，平冽打著哈哈，聽得心不在焉，只是看到顏真卿題寫的碑文，眼前忽然一亮。

「顏太守的字果然名不虛傳！雄偉端莊，渾厚挺拔，像歐陽詢、虞世南俱是食古不化，終生拘謹於王羲之，哪像顏大人奮翼高飛，超絕千古，這才是大唐氣象啊！」

「豈敢，豈敢。平公過譽了。」面對平洌拋來的高帽，顏真卿斷然拒絕，他對自己的書法很有信心，卻萬萬不敢想超越歐陽詢和虞世南，更不相信安祿山手下走狗能有什麼書法造詣，竟敢妄論前賢。

平洌醉翁之意不在酒，知道是無關大局的文人雅趣，看了兩眼便轉出廟來，繼續向前走去，看著修葺一新的城牆，倒是有幾分興趣。

「顏太守，這城牆很牢固啊，新修的吧？」平洌問道。

「平公有所不知啊，今夏雨水多，城牆多處坍塌，我只好調撥錢糧，重新修葺，好多人還罵我擾民呢。」顏真卿趁機倒起了苦水。

當天夜裏，顏真卿安排了隆重的酒宴，為平洌等人接風洗塵。官員和書生們齊聲讚頌三鎮節度使、新任東平郡王安祿山的「豐功偉績」。平洌抵不住各種吹捧，開懷暢飲，喝了個不亦樂乎，醉得不省人事。回到范陽後，安祿山問他顏真卿的情況，平冽說顏真卿只是個浮誇書生，喜歡四處留名，不足為慮。

天寶十四載（七五五年），唐玄宗再次召見安祿山。這次安祿山卻沒有乖乖聽話，謊稱生病。玄宗覺得事有蹊蹺，下詔給他的長子安慶宗賜婚，命令安祿山必須出席觀禮。安祿山又藉故推辭了。

河北武盟主

送走平冽，顏真卿準備親自奔赴長安，將安祿山的行止奏報天子。不料，安祿山先下手為強，嚴禁轄區內的地方官隨意走動，進京更是不可能了。顏真卿只好寫好奏疏，祕密派人送到京城，然而長安那邊渺無回音。

天寒地凍時節，安祿山悍然起兵，十五萬大軍遮天蔽日而來。安祿山宣稱奉旨討伐楊國忠，兵鋒直指東都洛陽。

「安史之亂」就這樣爆發了！

當時距離大唐開國已經一百三十多年了，除了武則天殺戮異己，以及次第而來的幾次政變，帝國腹地幾乎不聞兵戈之聲，平民百姓不見烽煙戰火。尤其是天寶年間，唐玄宗流連於楊貴妃的溫柔之鄉，不是在興慶宮的花萼相輝樓日日笙歌，就是在驪山腳下的華清池夜夜歡宴，人人都以為太平永在，盛世常存，哪裏想到美夢終將醒來，醒來便是烽火連天。

面對驟然而至的鐵蹄，河北官員茫然不知所措，除了投降和歸順安祿山，似乎也沒有別的選擇。整個河北，只有顏真卿堂兄顏杲卿鎮守的常山和顏真卿鎮守的平原，依然保持著清醒的頭腦。

安祿山路過常山郡（今河北正定）的時候，太守顏杲卿和長史袁履謙深知單憑自己的力量，不足以抵擋安祿山大軍，只好前往迎接，含糊其辭地答應了他的要求。

顏杲卿抓緊準備，設計殺死安祿山駐守太行山井陘口（今河北井陘縣北）的李欽湊、高邈等人，並派長子顏泉明和賈深，帶上李欽湊的首級去長安。不料剛到太原，節度使王承業便扣留顏泉明，另行派人上奏朝廷，冒充自己的功勞。

顏真卿這邊則虛與委蛇，表面服從安祿山的命令，召集平原本部人馬和臨郡博平（今山東聊城）的駐軍，合計七千人，防守黃河沿線，實則委派司兵參軍李平從小路進京，報告河北形勢。

唐玄宗正為河北的淪陷而苦惱，惱恨那麼多官員全都沒有骨氣，望風披靡。如今聽說河北終於來了抵抗的消息，玄宗欣喜不已，彷彿撥開沉沉迷霧，看到了希望，連忙派人迎接，特別恩准李平可以騎馬直達寢殿。

「咦，這個顏真卿是什麼人？我從來沒見過，真想不到他有這樣的壯舉！」看著顏真卿的奏疏，唐玄宗冥思苦想，始終想不起朝廷上還有過這樣的人。

官員們啞然失笑。看來皇上真是不記得了，這時距離東門餞別僅僅過去了兩年，他就說不認識顏真卿了。當年顏真卿彈劾哥舒翰違反禮儀，曾遭到皇上的當面指斥。他和二兄顏允南同在朝廷為官，多麼顯眼，皇上都不記得，除了健忘，只能說皇上對於朝政根本不放在心上了。

顏真卿火速招募勇士參軍入伍，很快就湊到上萬人，由李擇交統率，挑選驍勇善戰的刁萬歲、和琳、徐浩、馬相如等人為將領。那天，顏真卿在城門外舉行誓師大會，設宴犒勞義軍。他高高地舉起酒碗，慷慨激昂地說道：「安祿山狼子野心，悍然發動叛亂，人神共憤。真卿一介書生，唯有戮力同心，上報聖恩而已！」說完，仰頭喝光了一大碗酒，噹地一聲，擲碗於地。

看到平日裏溫文爾雅的太守如此激憤，將士們無不備受鼓舞，一口氣喝光碗中烈酒，用力把碗摔在地上。

陶碗破碎的聲音撕裂冬日的空氣，成千上萬名男子漢的吼聲響遏浮雲，經久不散。

安祿山的大軍飛快地渡過黃河，輕鬆攻破洛陽，殺了誓死不降的東都留守李憕、御史中丞盧奕、判官蔣清，派人帶著三顆首級到平原，震懾人心。

看到三位忠臣的首級，顏真卿強忍怒火，故作鎮定，告訴大家，這三人的首級是假的，無非是安祿山嚇唬人的小花招罷了。然後腰斬了安祿山的使者，並將三人首級藏起來。直到幾天之後，人心漸漸安定下來，顏真卿才鄭重地取出首級，隆重安葬。

顏杲卿和顏真卿盡力維持，河北十七郡重新回到朝廷的懷抱，於是各地共推顏真卿為盟主，主持大計。安祿山想的是一鼓作氣，直搗長安，聽到後院起火的消息，被迫在洛陽匆匆稱帝，隨後派大將史思明、蔡希德找顏杲卿兄弟算賬，以求挽救河北的頹勢。

顏杲卿困守孤城，苦苦支撐，直到吃完最後一口糧，射出最後一枝箭，常山城才被攻破。顏杲卿、袁履謙等人都被押解到洛陽。面對安祿山的威逼利誘，顏杲卿不為所動。顏家世世代代都是唐朝大臣，祖祖輩輩遵奉忠義之道，怎能向叛賊投降？哪怕身受刀剮之刑，顏杲卿和袁履謙仍然罵不絕口，最後壯烈犧牲。包括顏季明、盧逖等人在內，顏家被殺害的足足有三十多口。

兄長被害的消息傳到平原，顏真卿傷心欲絕。他為兄長的忠烈之風感動，也為親人的遇難而悲傷。既然是箭在弦上不得不發，那也只能全力以赴地射向敵人，顧不得身後事了。既然生為大唐之臣，危難之際被放置到前線，也只能像兄長那樣拚盡最後的氣力。

洛陽失守讓唐玄宗既憤怒，又絕望，下旨處死敗將高仙芝和封常清，任命哥舒翰駐守潼關。哥舒翰手下士兵雖多，卻是臨時拼湊，沒有經過戰陣，根本不是安祿山虎狼之師的對手，只能憑藉潼關天險，跟叛軍打消耗戰。

唐玄宗和楊國忠急於取勝，屢次催促哥舒翰主動出擊，哥舒翰按兵不動。

顏真卿被授河北採訪使，都督河北各路兵馬，正在這時，距離平原不遠的清河郡（今河北清河）前來借兵。自從平原首義後，清河率先響應，現在卻面臨敵軍的連番進攻，形勢危急。顏真卿猶豫不決，平原郡本身兵也不多，將也不強，實在無力抽調兵力，支援清河。

猶豫之際，清河人李蕚前來求見。顏真卿看他是二十來歲的年輕人，開始也沒太當回事，然而李蕚一開口，顏真卿立刻察覺到這是難得的青年俊才。

「顏公，你可知道清河是天下北庫，現在還存有三百多萬匹布、八十多萬匹帛，至於錢糧兵甲，更是不計其數。如果平原出兵支援，兩郡聯合抗敵，清河能給平原提供源源不斷的軍需。如果清河落入敵手，那些物資立刻就成為反攻平原的武器啊！」李蕚慷慨激昂地說道。

顏真卿倒吸一口涼氣，連忙撥出六千兵馬，交由李蕚指揮。送走李蕚的路上，顏真卿向他請教當前局勢。

「顏公，獨守孤城總不是辦法。你應該派人拿下南邊的魏郡，打通太行山通道。這樣一來，朝廷大軍就可以出山西，進河北，徹底切斷安賊退路。」李萼通觀全域，胸有成竹。「那時，朝廷二十萬大軍駐守潼關，安祿山進不能進，退不能退，河南各郡再起義兵，不斷滋擾蠶食，必然叫叛軍內部生亂，自行瓦解。」

軍事原本就不是顏真卿的專長，聽完李萼的話，不由得茅塞頓開，更加相信安祿山不會成功，朝廷肯定能夠戰勝叛軍。

這時，平原、清河、博平三郡兵馬聯合，由李擇交率領，駐紮在堂邑縣（今山東冠縣），按照李萼的戰略計畫，窺伺南邊的魏郡（今河北大名）。李萼想到的問題，安祿山也想到了。他也害怕被切斷退路，於是派袁知泰率領兩萬人馬來抵禦。雙方在堂邑展開激烈的爭奪戰。經過幾天苦戰，義軍大獲全勝，斬首叛軍上萬人，乘勝收復了魏郡。

「堂邑大捷」鼓舞了義軍的士氣，卻也深深地刺激了史思明，立刻向東殺來。眼看平原抵擋不住，顏真卿連忙派人向北海（今山東昌樂）太守賀蘭進明求助。賀蘭進明沒讓顏真卿失望，親自率領五千人馬渡過黃河，趕到平原。

賀蘭進明的到來讓顏真卿非常感動，慷慨地讓出堂邑大捷的功勞。李擇交等將領封賞微薄，清河和博平兩郡的參戰人員都沒有記功。顏真卿自認為是顧全大局，然而這樣的舉動也寒了將士的心。李萼再三勸阻，還是沒有說服顏真卿，一氣之下便離開前線，躲進山林做起了隱士。

顏真卿苦苦挽留，李萼執意要走。臨別之際，李萼意味深長地說道：「顏公寬厚仁慈，士卒無不感奮效死。不過晚生斗膽進言，您當此要衝之地，若無殺伐決斷之力，單憑仁厚恐怕不足以克敵制勝。顏公保重，晚生告辭！」

天寶十五載（七五六年）六月，李光弼、郭子儀越過井陘關，兵進太行山以東，大敗叛軍。安祿山眼看西進無望，急得就像熱鍋上的螞蟻。河北形勢大好，潼關那邊卻出事了，根源在於將相不和。

哥舒翰坐鎮潼關，採取堅壁清野的策略，堅決不與叛軍正面交鋒。叛軍想盡辦法，在潼關以東擺下迷魂陣，放出老弱病殘誘惑唐軍。哥舒翰不為所動，楊國忠卻上鉤了。

他鼓動唐玄宗，誣稱哥舒翰畏敵如虎，是不是有謀反的跡象？玄宗一天內派出三撥使者，送來措辭嚴厲的詔書，嚴令哥舒翰出戰。

哥舒翰不能抗旨，卻又知道不會有好結果，騎在馬上放聲痛哭。果然，唐軍被誘進狹窄的山間，早有準備的叛軍從山上推下滾木礧石和無數燃燒的草車，剎那間烈焰沖天，濃煙蔽日。唐軍立刻陷入混亂，數萬士兵滾進黃河。哥舒翰回到潼關清點人數，二十萬大軍只剩了八千多人。哥舒翰還要繼續守住潼關，手下的火拔歸仁卻將他綁在馬背上，強迫他投降了安祿山，常勝將軍的英名付之東流。

唐玄宗知道長安不保，帶領太子、王子、貴妃及楊國忠等人逃出長安，準備到四川避難。剛剛走到長安以西百餘里的馬嵬驛，禁軍譁變，堅決要求處死奸相楊國忠、楊貴妃，否則不再保護皇上。唐玄宗無計可施，只好含淚處死了楊貴妃、楊國忠等人。

潼關失守，皇帝出逃，郭子儀和李光弼頓時沒了主意，只好暫時退入井陘。轉眼間，河北又成了叛軍的天下。顏真卿正愁勢單力薄，無力對抗的時候，平盧那邊的官員劉客奴、董秦、王玄志等人合謀殺死了依附安祿山的平盧節度使呂知誨，派人偷偷渡過渤海，與顏真卿聯絡。

顏真卿猶如撥雲見日，喜出望外，為了表達聯合抗賊的誠意，他派兒子顏頗為人質，跟隨使者去平盧。顏頗只是個十來歲的孩子，懵懂地捲入這場天下大亂，韋夫人當然捨不得，淚水漣漣地哀求，各位將軍也苦苦勸說。顏真卿決心已定，堅持送走兒子。

冬天又來了，天地之間白雪茫茫，一派肅殺。史思明加緊進攻平原。顏真卿自知獨木難支，繼續抵擋只是徒勞地增加死傷，於是放棄守城，率領幾百人趁夜渡過黃河，投奔新成立的朝廷。

字字血淚哭季明

顏真卿舉薦的張鎬被任命為宰相，兼領河南節度使，前往營救宋州（今河南商丘）。到任之後，他立刻下令濠州（今安徽鳳陽）刺史閭丘曉派兵救援。閭丘曉為人傲慢，壓根看不起布衣出身的張鎬，姍姍來遲。張鎬決定以貽誤戰機的罪名處決閭丘曉。

死到臨頭了，閭丘曉也顧不上什麼臉面，撲通跪倒在地，像條癩皮狗似的搖尾乞憐：「張相公，我家中還有老母，請饒了我這條賤命，讓我回家給母親養老吧！」

張鎬冷笑一聲，說道：「王昌齡的老母，誰來奉養？」

閭丘曉無言以對。原來大詩人王昌齡路過濠州，閭丘曉嫉妒王昌齡的詩才，竟然在席間將他殺害，引起天下公憤。

張鎬此舉，消息傳到鳳翔（今屬陝西）行在，顏真卿也不由得拍手稱快。回想起來，他和王昌齡也有過短暫的緣份，當年他剛剛考中進士，王昌齡恰好考中博學宏詞科，原以為仕途光明，不料一生坎坷，始終沒能受到重用，最後遭此橫禍。

按照謀士李泌的謀略，對付安祿山最好的做法是避免正面決戰，收縮防線，等待叛軍內部生變。唐肅宗卻另有算盤，他在玄宗出逃之時倉促登基，雖說後來玄宗予以同意，畢竟有先斬後奏的意思。玄宗尚在四川，大臣和百姓的心裏也抹不去玄宗的影子，何況還有躍躍欲試的諸王。現在他只想盡快做件大事，堵住天下悠悠之口。什麼大事最有影響？自然是收復長安和洛陽。於是他斷然拋棄李泌的計畫，轉頭與回紇人達成荒唐協議。回紇人出兵助戰，收復長安後可以任意搶掠金錢婦女，只要保證土地和百姓歸唐就行。

不久，兩京重回朝廷之手，安慶緒（安祿山之子）逃到河北鄴城。唐肅宗立刻從鳳翔遷到長安，奉告宗廟，迎接上皇回京。這時，顏家兄弟之中有三人同在朝廷為官，允南任司封郎中，真卿為憲部尚書兼御史大夫，允臧官至殿中侍御史，兄弟三人同在台省，榮耀一時。

玄宗回到長安，肅宗親自到郊外迎接，父子相對而泣，互相推讓帝位。經過這番顛沛流離，玄宗深感慚愧，對於帝位也沒了興趣，肅宗便坐穩了大明宮，安排玄宗入住南內興慶宮。

大唐轉危為安，似乎很快就會迎來新的中興局面，顏真卿卻因為正直敢言而得罪了新任宰相苗晉卿，被外放為馮翊（今陝西大荔）太守，不久改為蒲州（今山西永濟）刺史。蒲州緊鄰黃河，開元年間便是繁華的中都，這裏的鸛雀樓因為王之渙的詩句而名揚天下。那天，顏真卿心情大好，數年來壓在心頭的陰霾一掃而光，興匆匆地登上了鸛雀樓。

他早就聽說過王之渙的名作〈登鸛雀樓〉：

白日依山盡，黃河入海流。
欲窮千里目，更上一層樓。

如今親臨樓頂，眺望不遠處的黃河。夕陽灑在平靜的河面，泛起金光萬點，顏真卿的心裏感慨萬端，這才是真正的大唐風度啊！

旁邊陪同的官員說：「使君雅興，何不賦詩一首，題於壁上？」

顏真卿笑著說：「哈哈，王之渙題詩在上頭，萬難超越，真卿不才，還是別獻醜了。」

這是他第二次主政地方，除了繼續秉持「天下本無事，庸人自擾之」的原則，力求清簡為政，鼓勵百姓恢復生產和生活秩序，他還格外注意撫恤老人，修整學校。閒來無事，他也喜歡去普救寺裏走走，跟高僧閒談幾句散散心，有時也帶上三五好友，走進清幽的五老峰，看飛瀑流泉，觀松濤雲海，流連忘返。

乾元元年（七五八年）五月，朝廷追贈顏杲卿為太子太保，謚忠節。顏真卿上表謝恩，正為兄長感到欣慰，突然傳來了侄子泉明的消息。泉明被太原王承業扣留後，又被史思明俘虜到了范陽，剛剛被釋放。

泉明到洛陽找到父親和袁履謙的屍體，以及弟弟季明的頭顱，再到蒲州見叔叔。顏真卿萬萬沒想到還能見到泉明，叔侄二人抱頭痛哭，看著季明的頭顱，顏真卿又是氣憤，又是激動，不由得渾身顫抖，久久不能自已。

「泉明，你在蒲州好好休息些時日，再回長安安葬兄長吧。」

「叔父，侄兒還不能休息啊。」

「為什麼？」

「姑母家的表妹，還有我女兒至今流落在河北，也不知道她們怎麼樣了，我想盡快去尋訪。」

顏泉明孤身返回河北，幸運地找到了表妹和自己的親生女兒，無奈她們已經被販賣到別人家，只能拿錢贖回。泉明身上的錢不夠，只好先贖表妹，等到湊足了錢，再找自己女兒的時候，卻又下落不明了。泉明心痛不已，卻也忍住眼淚，帶著沿途遇到的其他家族姊妹及父親部下的親屬共三百多人，趕往蒲州。

這支悽慘的隊伍歷經艱難，扶老攜幼地來到蒲州，顏真卿感動萬分，拿出全部積蓄，竭盡全力周濟他們。

九月，秋風乍起的時候，泉明準備動身，帶著父親和弟弟季明的遺體回長安。白天，顏真卿恭恭敬敬地為杲卿兄長寫了祭文，略作休息。入夜之後，他終於理清思緒，決定再為季明寫一篇祭文。季明雖是後輩，他那慷慨赴死的精神卻讓顏真卿想起了不知所終的顏頗，他們都是顏家的好子弟。

顏真卿鋪好了紙，慢慢研墨。泉明輕輕地挑了挑燈芯，火焰更亮了。顏真卿抬頭看了看窗外，只見皓月當空，皎潔的月光灑滿院落。

「泉明，你休息去吧。」

泉明躬身退了出去。

顏真卿坐在椅子上，怔怔地看著包裹著季明頭顱的包袱，仰起臉來，目光轉向虛空，似無著落，兩行清淚卻已悄然滑落。窗外蟲聲唧唧，勾起歷歷往事，安祿山叛軍的鐵蹄彷彿正踏著冰天雪地而來，踏碎了他的心，踏碎了開元盛世夢。顏真卿忽地站起身來，吹滅燈火，抓起了毛筆，藉著冰清玉潔的月光，落筆寫道：

維乾元元年，歲次戊戌，九月庚午朔三日壬申，第十三叔銀青光祿夫使持節、蒲州諸軍事、蒲州刺史、上輕車都尉、丹楊縣開國侯真卿，以清酌庶羞，祭於亡侄贈贊善大夫季明之靈。（〈祭侄贈贊善大夫季明文〉。被譽為「天下第二行書」，現藏於台北故宮博物院）

顏真卿長長地吁了口氣，稍作停頓，回過頭來，塗掉「從父」，改為「叔」，卻沒有注意到「銀青光祿大夫」丟了個「大」字。

惟爾挺生，夙標幼德，宗廟瑚璉，階庭蘭玉。

手在寫，眼前卻浮現出季明的模樣，耳邊迴盪著他喊叔父的聲音。這時的顏真卿只覺得自己獨自走過冰面，戰戰兢兢，茫然不知所之。張長史教過的「筆法十二意」早被拋到九霄雲外，更加顧不上什麼「如錐畫沙，如印印泥」。他不是在書寫，彷彿是渾身的血淚沿著筆管流淌，融入月光，流在紙上。

天不悔禍，誰為荼毒。念爾遘殘，百身何贖。

馬蹄聲、喊殺聲、顏頗的哀泣、夫人的哭喊紛紛湧到耳邊，杲卿的怒罵、季明的怒目，哦，還有伯父的叮嚀，顏家自有風骨，琅琊顏氏家風不墜於地。筆在奔走，彷彿拉著他的手在遊走；筆在掙扎，彷彿他在泥潭裏苦苦掙扎。

寫寫塗塗，塗塗畫畫，顏真卿悲憤交加，情不自禁，寫完「嗚呼哀哉。尚饗」，便再也按捺不住，扔掉毛筆，趴在桌子上放聲痛哭。

寫出大唐風度

歷時七年多的「安史之亂」終於平定了，而朝廷上依舊有奸臣當道。依附宦官李輔國飛黃騰達的元載當上了宰相，下令御史、郎官不得單獨給皇帝上書，必須首先由各司長官匯總，各司送交宰相，最後由宰相定奪是否奏聞皇上。元載的理由冠冕堂皇，進言過多過繁，陛下不堪其勞，如此等等。

顏真卿聽到這樣的消息，馬上聯想到李林甫搞的「野無遺賢」鬧劇，元載做的無非就是在皇上和群臣之間設置圍牆，愚弄天子，控制群臣。他憤怒地寫了〈論百官論事疏〉：元載箝制百官之口，這樣的事曠古未有，哪怕李林甫和楊國忠都不敢公然這樣做，殷切地奉勸皇上不要閉目塞聽，否則日漸孤立，後悔就來不及了。

這篇上疏在百官中間引起強烈共鳴，大家爭相傳看，盼望皇上能察納雅言，親賢遠奸。元載惱羞成怒，更把正直敢言的顏真卿看作眼中釘、肉中刺，迅速將他趕出京城。

一天深夜，顏真卿翻來覆去，無法入眠。朝廷上烏煙瘴氣，出去走走倒也不是什麼壞事，同州（今陝西大荔）刺史、蓬州（今四川儀隴）長史、吉州（今江西吉安）別駕，貶官是愈來愈低了。他自己可以不在乎，可是孩子們會怎麼想？嗯，應該有個交代，好讓兒孫知道，我顏真卿爭的到底是什麼。

想到這裏，他披衣下床，踱步到書桌前，點亮燈盞，慢慢地鋪開了紙。他想起了兄長杲卿和侄子季明，想起了顏之儀和顏之推兄弟，想起第十三世祖顏含，恪守道義，不肯依附權臣王導，更拒絕強勢人物桓溫的通婚之請，還有琅琊顏氏的先祖顏回……

一代代人信守家風，沒有人讓後代蒙羞。

政可守，不可不守。

寫下七個字，耳邊彷彿響起同僚們質疑的聲音：「顏魯公之忠直如魏徵，只可惜如今不是貞觀年間，奸佞當道，不容於朝廷。」

燈影幢幢，顏真卿輕輕地說道：「難道生在貞觀年間，魏文貞（文貞是魏徵的謚號）

才是魏文貞，生在天寶年間，魏文貞就會變成李林甫？真是豈有此理！」

沒有人聽，他喃喃自語，更像是給自己打氣。他蘸了蘸墨，繼續寫道：

吾去歲中言事得罪，又不能逆道苟時，為千古罪人也。雖貶居遠方，終身不恥。

（〈守政帖〉）

顏真卿知道，任憑朝代更迭，顏氏血脈依然流淌，祖先們沒有汙染河之源，他更不能汙染河之流，要讓這血緣之河清清白白，流之長遠。

走出長安城春明門，告別前來送行的親友，顏真卿便踏上了長達十餘年的貶官之路。自此以後，他怡情山水，醉心林泉，有時尋佛問道，有時放縱詩酒，要以自我化天地，要將生命灌注於筆端。

六月的江南，到處都是碧波蕩漾，碧草茵茵。顏真卿乘船到江州，登上廬山，極目遠望，感覺心曠神怡，無比舒暢。東晉太元四年（三七九年），慧遠大師率領弟子數十人路過潯陽（今江西九江），看到廬山清淨，足以息心斂影，江州刺史桓伊便建造東林寺，請慧遠主持。自此以後，慧遠大師就以東林為道場，潛心修道，率領弟子鑿池塘，種蓮花，立蓮花十二品，分刻晝夜。東林寺成為南方佛教的中心，慕名而來的信仰者絡繹不絕，慧遠組織起了「白蓮社」。

慧遠和白蓮社的故事，顏真卿早有耳聞，只是先前忙於政事，並未過份留心方外之事。如今漫步東林寺，蓮池猶在，蓮葉田田，寺後的香爐峰巍然矗立，瀑布飛流直下，激起陣陣水聲，讓人頓生清淨之感。

看到南朝大詩人謝靈運翻譯的《涅槃經》貝多梵夾，顏真卿想到他和陶淵明是好友，於是問陪同的僧人：「陶靖節（陶淵明諡號靖節）與我先祖顏延之公私交甚篤，不知他是不是蓮社中人？」

「五柳先生並未結社，不過與慧遠大師是好友。蓮社成立後，大師曾寫信延請，靖節公說你那裏有酒我就來。大師答應說有酒有酒，靖節公就來了，不過很快就皺眉而去，不知為何。」僧人說道。

「手持山海經，頭戴漉酒巾。興逐孤雲外，心隨還鳥泯。」顏真卿輕聲念誦自己〈詠陶淵明〉的詩句，忽然說道：「陶靖節閒雲野鶴，佛祖也是無可奈何啊。」

顏真卿的爵位已經是正二品的開國郡公，職位卻是從五品的別駕，大約朝廷也感覺不妥，於是在顏真卿到吉州上任不久，便升為正四品的撫州（今屬江西）刺史。

撫州地處鄱陽湖以南，自古以來人傑地靈，山清水秀，只是境內的汝水時常氾濫，引發洪澇災害，兩岸百姓苦不堪言。顏真卿察訪民情，便想好好治理汝水，造福一方。經過多日的實地觀察，顏真卿召集百姓，決定在扁擔洲修築石壩。刺史大人身先士卒，背石頭，扛木材，累了就跟民夫同吃同喝。當地百姓也個個出力，很快就築起了石頭壩，徹底消除了水患。父老請求為刺史大人立塊石碑，顏真卿聽了哈哈大笑，說道：「我為撫州官，便是撫州人，撫州人為撫州做事，還要樹碑立傳，豈不是貽笑大方？」

公務之餘，顏真卿廣邀文人墨客，詩酒唱和。他取出閒置已久的《韻海鏡源》。「安史之亂」前夕，這部巨著已經編完五十卷，距離竣稿尚遙遙無期，現在時間寬裕，終於可以重新開始了，撫州文人左輔元、姜如璧等都是有名的才子，也來幫忙。

一天清晨，顏真卿起床後正在郡齋院子裏踱步，有位衙役急匆匆跑來，氣喘吁吁地喊道：「顏刺史，快，不好了，有人擊鼓鳴冤……」

擊鼓鳴冤的一般都有很大的冤情，顏真卿連忙穿好官服，匆匆趕到衙門。升堂之後，顏真卿才明白，原來告狀人是撫州本地儒生楊志堅的妻子，看不慣丈夫日夜苦讀，弄得家中生計愈發窘困，堅決要求離婚。

楊妻遞給顏真卿一張紙箋，上面工工整整地寫了一首七律：

生平志業在琴詩，頭上如今有二絲。
漁父尚知溪谷暗，山妻不信出身遲。
荊釵任意撩新鬢，明鏡從他別畫眉。
今日便同行路客，相逢即是下山時。

「這首詩出自楊志堅之手嗎？」顏真卿問道。

「是。」楊妻低頭回答。
「除了讀書好學，你丈夫還有沒有別的過錯？」
「沒有。」
「你要改嫁，他也同意，本官當然不能阻攔。」
「多謝明公成全。」楊妻喜孜孜地說道。
「來人啊！該婦嫌貧愛富，敗壞名節，惡辱鄉閭，傷風害俗，判罰二十杖。領受完刑杖，改嫁去吧。」
「啊，饒了我吧！」剛才還得意揚揚的楊妻嚎啕大哭，哀求饒命。
「古人說結髮為夫妻，恩愛兩不疑，人人都如你這般刁蠻，撫州士人還能安心向學嗎？來人，即刻去傳儒生楊志堅，本刺史要賞賜絹、布各二十匹，米二十石，還要請他做我的幕僚。」
這場離婚鬧劇贏得了滿堂喝采，當地百姓都說顏大人賞罰得宜，足以懲惡揚善。
撫州的名山之中多建道觀，濃鬱的道教風氣喚醒了顏真卿心裏的道教情懷，眼前時常浮現出外公給他解釋名字的往事。那時還在姑蘇，外公和母親也都健在，他是小小少年，還可以胡說又胡鬧。「外公，我也要吃仙丹。」外公爽朗的笑聲彷彿隔著厚厚的歲月之幕，傳到耳邊。

自從來到撫州，顏真卿總是不期然地聽到麻姑山和各種玄妙莫測的傳說。閒來無事，他帶上知己好友，登覽臨川南城的麻姑山。山中峰巒疊嶂，煙雲縱橫。登上仙都觀，遙望群山，但見五峰聳立，煙霞裊裊。五峰又以丹霞峰為主峰，峰中有洞名曰丹霞洞。洞外溪水潺湲，洞內卻深不可測，洞外有洞，洞內有天，真是洞天福地。

更動人的是這裏的神仙傳說。很早以前，丹霞洞裏住著一位老婦人，採集野果充飢，不吃人間五穀，渴了就喝山泉水。有一天，老婦人正在洞內睡覺，洞外忽然響起霹雷似的巨響。她來到洞口觀望，依稀看到天上落下三顆明珠，徑直落入自己的肚子。老婦人嚇了一跳，忽然醒來，原來是做了個夢。說也奇怪，從那之後，老婦人竟然懷了身孕。她年輕時從未婚嫁，誰知老來竟然有了身孕。戰戰兢兢十個月，順利生下三個女兒，分別取名為麻姑、從姑、畢姑。孩子們長大之後，分山而居，就有了三座仙山——麻姑山、從姑山、畢姑山。

東漢桓帝時候，神仙王方平下凡到了蔡經家，麻姑也來相會，隨身帶來金盤玉杯和各種花果，香氣滿室。她又給大家分肉，說是麒麟肉乾。蔡經看麻姑只是個十七八歲的姑娘，誰知麻姑跟王方平說：「分別以後，我看到東海三次變為桑田。剛才路過蓬萊仙島，我看見東海水又變淺了，難道又要變成陸地嗎？」王方平笑著說道：「聖人說東海又要乾涸，揚起塵土呢！」

滄海桑田，東海揚塵，看似荒誕不經的故事，卻又藏著深深的道理。顏真卿看著滿眼的風景，回想「安史之亂」這些年，那不正是滄海變桑田嗎？

撫州刺史任滿，等候任命的時候，顏真卿趁著天清氣爽，第四次上麻姑山散心。道士譚仙巖、史玄洞等人懇請顏真卿留下墨寶，顏真卿心情大好，欣然應允，於是在半山亭中燃檀香，設几案，揮毫寫下了〈麻姑山仙壇記〉（上海博物館藏有大字拓本，北京故宮博物院藏有宋代小字拓本）。

麻姑者，葛稚川《神仙傳》云：王遠，字方平……

落墨之後，顏真卿渾然忘記自己身在何處，何人為伴，走進他心裏的人是張旭，是褚遂良，是王羲之。他想起張旭告誡自己的大唐氣度，細細揣摩，慢慢移動手腕。東晉人的字法是左緊右舒，聳立右肩，故作欹態，妍媚有餘，卻少風骨。嗯，我要掙脫束縛，破壁而出，寫出大唐的端正豪邁，於是力求左右對稱，平穩端正，好讓字體舒展闊大，結構寬綽。也許是山中仙氣滋養心肺，也許是六十耳順之年讓人心氣平和，更近乎中庸之道，猶如黃河出潼關，喧囂之聲退去，靜靜流淌之中包含著自信的力量。顏真卿胸膽開張，揮灑自如。再看他的筆端，面貌與〈多寶塔碑〉已經大不相同，每個字都沉穩雄厚，鋒芒內斂，卻又大氣磅礴，包含千鈞之力。

「滿目煙霞，毫無人間煙火之氣！」眼看顏真卿快要收筆，眾人齊聲喝采，譚仙巖情不自禁地讚歎。

「魯公此書，盡得風流，行邁當世！」左輔元說道。

「左兄想來也懂書法，來，不妨寫一寫。」姜如璧笑著說道。

「姜兄此言差矣。君不聞張懷瓘（唐代書法家、書學理論家）曾引太史公論書法，說『能行之者未必能言，能言之者未必能行』。魯公是行之者，我是言之者。」左輔元自我解嘲道。

顏真卿聽了，哈哈大笑。

正當顏真卿準備返回京城的時候，老朋友元結派人送信來了。元結比顏真卿年輕十歲，兩人堪稱忘年交。他曾兩度出任道州（今湖南道縣）刺史，乘船經過祁陽時，看到溪水清幽可愛，順手將一條無名小溪叫做「浯溪」，後來幾番重臨，發現岸邊石壁闊大平整，實在是書家用武之地。他想到顏真卿正在撫州，便竭力邀請他來為自己作於十年之前的〈大唐中興頌〉書丹刻石，共襄盛舉。

顏真卿猶豫不決。去吧，從撫州到祁陽千里迢迢，攜家帶口很不方便，而且夫人身體欠佳，怕是受不了舟車勞頓；不去吧，元結信中盛讚浯溪山水絕佳，只可惜絕妙的石壁上空空如也，如果能以顏真卿之手筆，書寫元次山之雄文，豈不是流芳千古的「三絕」？

想來想去，顏真卿決定安排家眷取水道，沿贛江順流而下，經湖口入長江，再從揚州北上，到洛陽等候自己。他則帶上跟隨自己多年，專門刻石的家僮，日夜趕赴祁陽。

顏真卿的到來讓元結欣喜不已，備下豐盛的酒宴殷勤招待。席間，兩人談論別來往事，免不了一番感慨。元結告訴顏真卿，杜甫死了。去年冬天，杜甫從耒陽去潭州（今湖南長沙），本想返回洛陽，不料竟暴死於舟中。

這個消息讓顏真卿震驚不已，雖然他和杜甫並無深交，可是他於年初得到消息，好友岑參也在去年死於成都，難道是冥冥之中早有注定？兩人一邊飲酒，一邊屈指盤算，張九齡、高適、李白、杜甫、岑參、王維、孟浩然、王昌齡、王之渙、李華、蕭穎士、常建……熟悉的詩人朋友都已不在人世了！

說話間，淚水模糊了兩人的眼睛。元結舉起竹筷，輕輕敲打桌子，敲出緩慢的節奏，同時吟誦起杜甫的〈飲中八仙歌〉，顏真卿也隨聲附和。

知章騎馬似乘船，眼花落井水底眠。汝陽三斗始朝天，道逢麴車口流涎，恨不移封向酒泉。左相日興費萬錢，飲如長鯨吸百川，銜杯樂聖稱避賢。宗之瀟灑美少年，舉觴白眼望青天，皎如玉樹臨風前。蘇晉長齋繡佛前，醉中往往愛逃禪。李白一斗詩百篇，長安市上酒家眠，天子呼來不上船，自稱臣是酒中仙。張旭三杯草聖傳，脫帽露頂王公前，揮毫落紙如雲煙。焦遂五斗方卓然，高談雄辯驚四筵。

那些熟悉的名字，長安城裏的八位仙人：賀知章、李璡、李適之、崔宗之、蘇晉、李白、張旭、焦遂，一張張面孔依然鮮活，彷彿就在眼前，如今都已成了天上的星辰。這首詩真的成了大唐盛世的絕唱，他們幾乎就是最後的見證人。

夜裏，獨自躺在客舍，顏真卿睡意全無。清風習習，吹走夏夜的暑熱。明天要去浯溪書丹了，他預感到這是非同尋常的作品，必須做好萬全的準備，何不趁著微薄的酒意試寫一遍？

他取出元結的〈大唐中興頌〉（北京故宮博物院藏有宋代拓本）大聲朗讀，同時在心底醞釀筆法，體會其意蘊。

天寶十四年，安祿山陷洛陽。明年，陷長安，天子幸蜀，太子即位於靈武。明年，皇帝移軍鳳翔。其年復兩京，上皇還京師。於戲！前代帝王有盛德大業者，必見於歌頌。若今歌頌大業，刻之金石，非老於文學，其誰宜為？

往事歷歷在目，金戈鐵馬之聲猶然在耳。一切都結束了，一切也要重新開始，大唐應該中興，大唐必定中興。他鋪開大紙，抓過毛筆，徐徐寫道：

金紫光祿大夫前行撫州刺史上柱國魯郡開國公。

這是鐫刻在山河之上的文字，這是告訴後代的文字，一定要雄偉豪放，一定要氣勢磅礴。顏真卿挽起衣袖，瞪大眼睛，身體幾乎匍匐在紙上了，每個字都傾盡全身的氣力。天地無聲，萬籟俱寂，六十三歲的他已與筆墨交融無間。他的手腕，時而如潛龍在淵，筆端在紙上緩緩拖動，時而如飛龍在天，墨汁在紙上蕩起漣漪。彷彿筆在自行揮灑，握筆之人心神俱醉。

他是大唐的精靈，開元的魂魄。一滴滴墨汁鋪灑，一筆一畫落地生根，傲然屹立在天地間，一個個漢字落地成人，靜候萬古宇宙的檢視。長安城通化坊的少年，靜靜地依靠在大慈恩寺的門上，小手觸摸著褚遂良的筆畫，眼睛忘了眨，心也忘了跳；洛陽城裏的青年，跟著草聖張旭走過街頭，看著劍聖裴旻和畫聖吳道子的技藝相搏，目瞪口呆，心跳加快。

「如錐畫沙，如印印泥！」短短八個字，今時今日才豁然於胸。今時今日，他自己也活成了錐子，一步步畫過沙灘，留下深深的腳印。他就是印章本身，端端正正，理直氣壯地在大唐畫布上印下自己的形影。

江南文盟主

宰相元載愈來愈專橫驕縱。長安城南北都有他的別墅，規模宏大，裝飾豪華，比皇宮有過之而無不及，蓄養歌姬伶人，夜夜笙歌。他為人陰險刻薄，凡是得罪過他的人，絕對沒有好下場。那篇〈論百官論事疏〉讓他咬牙切齒，恨透了顏真卿，只要他還當權，顏真卿就別想重返京城。

大曆八年（七七三年）的春節剛剛過完，顏真卿再次踏上南下的路程。這次要赴任的是湖州刺史。湖州（今屬浙江）是江南大郡，地處太湖之濱，與姑蘇相去不遠，顏真卿少年時代就有耳聞。這裏是魚米之鄉，百姓生活富庶，人文薈萃。聽到任命之後，顏真卿不但沒有遺憾，反倒很高興。

同行的家人很多，二子顏頵、三子顏碩也都同船隨侍。顏頵已經憑藉過人的才華考中了進士，只是尚未通過吏部銓選，眼看元載當權亂政，也就無心上進，跟隨父親研習翰墨。

剛剛在湖州安頓下來，一個人的到來讓顏真卿喜不自禁。那天，他正在讀書，門人來報「李萼來訪」。顏真卿愣了一下，很快就明白過來，顧不上整理衣衫，徑直衝出大門，拉起李萼的手放聲大笑，笑聲停下來的時候，已經是滿臉淚痕了。

平原初相見，李萼還是二十出頭的年輕人。湖州再相逢，青絲變白髮，他都快到知天命之年了。兩人說起平原守城時的故人，李擇交、刁萬歲、和琳……感慨良多。

「平原故舊，我最欣賞兩個人，一個是張鎬張相公，可惜他已故去十年了。另一個就是你啊，運籌帷幄之中，決勝千里之外，你的才華不亞於張鎬。若是埋沒於隴畝之間，那太可惜了。待我表奏皇上，一定要讓你人盡其才。」顏真卿真誠地說道。

「魯公，還是算了吧。經過這場大亂，我於朝廷之事也看得淡了，沒有安祿山、史思明，還有李輔國、魚朝恩，他們都死了，當今宰相又……不可說，不可說啊。」李萼頓了頓，繼續說道：「這些年我隱居鄉間，讀書教子，也別有情味。聽聞魯公來到湖州，我忍不住前來找尋。江南山水，五湖煙景，我們何不學那王右軍，也做蘭亭之會呢？」

「蘭亭之會？妙極，妙極！」顏真卿眼前彷彿浮現出王羲之在蘭亭曲水流觴的情景，忍不住連聲喝采。

顏魯公的到任轟動了湖州和附近的州縣，文人學士慕名而來，或是應聘幕僚，或是學書問字。吳興世族沈怡特來登門拜訪，懇請顏真卿撰寫〈吳興沈氏述祖德記〉。

顏真卿早就聽說先祖顏含遷居江南後，曾與吳興沈氏聯姻，說起來兩姓還有通婚之好，於是慷慨應允，揮毫而就。

說來也巧，沈怡前腳剛走，皇上的密詔就來到了湖州。代宗皇帝讓顏真卿祕密尋訪一個人，一個女人。

這個女人出身於吳興（今浙江湖州）沈氏，當地百姓傳聞她的芳名叫作沈珍珠，開元末年以良家子的身份備選東宮，當時還是太子的肅宗將沈氏賞給了廣平王李豫，也就是當今天子唐代宗。沈氏和廣平王成為結髮夫妻，感情匪淺，天寶元年生下皇曾孫李適。

「安史之亂」爆發後，唐玄宗帶領皇子皇孫和嬪妃們倉皇出逃，不知何故，沈氏卻流落到了東都洛陽，被叛軍關押在掖庭。肅宗即位後，封廣平王李豫為天下兵馬大元帥，打下洛陽後找到了沈氏。戎馬倥傯之際，廣平王繼續討伐叛軍，沒有帶走沈氏。叛軍再度攻陷洛陽，沈氏又遭關押。李豫即位，任命沈氏之子李適為天下兵馬大元帥，二度收回東都。李適幾乎翻遍了整個洛陽，始終沒有發現沈氏的下落。被立為皇太子後，李適尋母之心更加迫切，代宗四處派人尋訪。

現在，詔書下到了湖州。這裏本是沈氏的家鄉，落難之際，人最容易回歸故鄉，因此皇上和太子都對顏真卿寄予很大的期望。

顏真卿不敢怠慢，就把事情交給李萼，讓他帶著顏碩仔細查訪，如果能打聽到沈氏的消息，那自然是功德無量的好事。

李萼帶著顏碩祕密拜會沈怡，走訪了所有姓沈的大戶人家，有時也去茶樓酒肆閒逛，看看有沒有沈貴妃的消息。半個月下來，毫無所獲，顏真卿便據實上奏，這件事也就告一段落。

隨後，顏真卿保舉李萼為湖州防禦副使，負責開墾田地等事務，任命校書郎權器和前大理寺直楊昱為判官，負責閱簿、檢吏等事務。一番整治下來，湖州境內秩序井然，百姓安居樂業，學校書聲琅琅，街衢之間車水馬龍，四州八郡的商賈紛紛湧入，本已發達的蠶桑絲織業更加繁盛。

顏真卿的心態徹底放輕鬆了，他喜歡帶領文人雅士舉行詩會。最為知名的文人有謝靈運的十世孫僧皎然，精於茶道的狂生陸羽，上清教道士吳筠，兄弟三人同年考中進士的「三楊」：楊憑、楊凝、楊凌，還有呂渭、劉全白、張薦、蕭存、柳中庸等人。

後輩當中，顏真卿格外垂青蕭存和柳中庸。蕭存是蕭穎士之子，柳中庸是蕭穎士的女婿，兩人都很有才華。顏真卿不由得想起了蕭穎士，感慨地說道：「令尊當年不肯阿附李林甫，又預見安祿山必反，遠見卓識為當世罕見啊！」

烏程縣西南有杼山，謝靈運、鮑照等六朝文人都曾在這裏留下歌詠詩篇，山上還有南朝梁武帝親自命名的妙喜寺。陸羽和皎然早在二十年前便已相識於此，並在這裏完成了茶學鉅著《茶經》。應陸羽和皎然之邀，顏真卿在妙喜寺設置書堂，編纂《韻海鏡源》。浙西觀察判官、殿中侍御史袁高前來湖州巡視，顏真卿邀請他登臨杼山，請陸羽主持在山之東南立亭，命名為三癸亭。

經過一年的艱辛工作，《韻海鏡源》在妙喜寺招隱院大功告成！全書共計三百六十卷，肇始於長安，中斷於「安史之亂」，隨後跟隨顏真卿南來北往，前後耗時二十年，可以說是顏真卿書法之外最為傾注心血的大工程。顏真卿當即命顏頵親自護送到京城，獻於朝廷，藏諸祕閣。

那天午後，陸羽興匆匆地走進招隱院，手裏舉著一張紙。

「魯公，請你看看這首詩！」陸羽高興地說道。

李萼、張薦、崔萬等人圍住陸羽，從他手裏搶過詩稿，有人高聲念誦起來——〈送陸鴻漸山人採茶回〉：

千峰待逋客，香茗復叢生。
采摘知深處，煙霞羨獨行。
幽期山寺遠，野飯石泉清。
寂寂燃燈夜，相思一磬聲。

詩自然是好詩，作者又是誰呢？陸羽回答說是皇甫曾。聽到這個名字，顏真卿眼前一亮。皇甫曾是王維的門生，與乃兄皇甫冉俱有詩名。

「孝常在哪裏？」顏真卿急切地問道。

「遠在天邊，近在眼前！」陸羽好像就等顏真卿這樣問了，衝著門口大聲說道：「孝常兄，請進來吧。」

皇甫曾推門而入，顏真卿快步迎了上去，拉起他的手，高興地說：

「潤州才子大駕光臨，真讓我們招隱院蓬蓽生輝啊。孝常啊，你來得正好，我們的《韻海鏡源》剛剛送往長安，正想大張宴席，犒勞大家。擇日不如撞日，那就今天晚上吧。諸位意下如何？」

眾人聽了，歡聲雷動。皇甫曾謙遜地鞠躬道謝。

顏真卿平日並不喜歡喝酒，但是這次親朋好友聚集了五十多人，都是難得的青年俊才，真有王羲之蘭亭之會的意思，不由得開懷暢飲，來者不拒。顏碩難得看到父親這樣高興，也就不再阻攔了。

「孝常千里赴會，我要贈詩一首。」顏真卿舉起酒杯，來到皇甫曾面前。皇甫曾連忙舉杯起立，眾人側耳傾聽，顏真卿徐徐吟道：

不是中情深惠好，誰能千里遠經過。

頃持憲簡推高步，獨占詩流橫素波。

眾人紛紛喝采，皇甫曾聽出顏真卿的深情厚誼，喃喃重複著「不是中情深惠好，誰能千里遠經過」，內心感動不已。

「孝常兄大才，豈能沒有唱和？」陸羽在旁說道。

皇甫曾略作思忖，念出自己的和詩：「詩書宛似陪康樂，少長還同宴永和。夜酌此時看碾玉，晨趨幾日重鳴珂。」

他將顏真卿比作縱情山水的謝靈運，又將此次杼山之會比作永和九年的蘭亭雅集。

顏真卿連稱不敢當，不敢當。席間，顏真卿又向吳筠請教丹藥之事：「我常聽說魏晉之人多服五石散，不知可有奇效？」

吳筠笑著說道：「魏晉以來，服食五石散之人可謂多矣，羽化登仙者又有幾人？常人汲汲於爐火，孜孜於草木，財屢空於八石，藥難效於三關。不知金液待訣於靈人，芝英必滋於道氣。莫究其本，務之於末，竟無所就。今日多見外丹之荒謬，遂求之於內丹，依我看魯公是自有內丹之真人。」

「我，我哪有什麼內丹喲？」顏真卿笑著說道。

「哎，怎麼沒有？顏公正氣在心，書法便是你的丹藥，你是王右軍轉世的真神仙！」陸羽在旁打趣道。

「你把我比作王右軍，那是萬萬不敢當的。」顏真卿說。

「魯公過謙了。我雖眼拙，卻也知道當今之世，徐浩和顏魯公最得王右軍之風流，不過徐浩只得到了王羲之的皮膚眼鼻，看起來很相似，其實相去甚遠。顏魯公的字，初看並不像王右軍，其實那是得了王羲之的筋骨和肺腑，勝在意境。」

「鴻漸（陸羽字鴻漸）兄高論。」皎然接著說道。「我常以意境之說論詩，鴻漸以之論書，竟也如此契合。魯公之書行邁當代，實在是我大唐的風骨！」

吳筠、陸羽、皎然都是各自領域的創見之人，聽了他們的宏論，眾人都覺得大飽耳福，大開眼界。李萼笑著說道：

「照這樣說來，鴻漸兄的丹藥便是茶了。」

說笑之間，明月已經升到中天，照耀著山林間醉意朦朧的人們。他們或站或臥，或坐或靠，早已拋掉了白日裏的規矩禮儀，竟有些放浪形骸，竹林之遊的味道了。

陸羽汲來山泉水，為眾人烹茶。水入茶碗，沖出茶香，茶香飄飄蕩蕩，縈繞在眾人的鼻尖。

「李太白對酒邀月，我們對月啜茶，何不來個啜茶聯句呢。」嘉興尉陸士修提議道。

「這個主意好啊，將來請李萼編成《吳興集》，既不枉了天上明月，也不白費鴻漸的茶，也教千百年後人知道，今時今日在杼山，我等也曾痛飲酒，啜茗茶。士修，你就起句吧。」顏真卿說道。

泛花邀坐客，代飲引情言。（陸士修）
醒酒宜華席，留僧想獨園。（張薦）
不須攀月桂，何假樹庭萱。（李萼）
御史秋風勁，尚書北斗尊。（崔萬）
流華淨肌骨，疏瀹滌心原。（顏真卿）
不似春醪醉，何辭綠菽繁。（皎然）
素瓷傳靜夜，芳氣清閒軒。（陸士修）

〈月夜啜茶聯句〉已畢，眾人都覺不盡興，顏真卿建議大家丟下文質彬彬，放肆起來，說些大話和醉話，於是就有了〈醉語聯句〉和〈大言聯句〉。

〈醉語聯句〉：

逢糟遇麴便酩酊。（劉全白）

覆車墜馬皆不醒。（顏真卿）
倒著接瞝髮垂領。（皎然）
狂心亂語無人並。（陸羽）

〈大言聯句〉：

高歌閬風步瀛洲。（皎然）
燀鵬爚鯤餐未休。（顏真卿）
四方上下無外頭。（李萼）
一噏頓涸滄溟流。（張薦）

那天夜裏，直到明月西沉，眾人才覺得醉意疊著睡意，漸漸支撐不住。

「安史之亂，顏魯公主盟河北，對抗叛賊，今天就繼續做我們的盟主吧。」有人說道。

「前為武盟主，今為文盟主，趣味不同，也是各領風騷了。」顏真卿欣然應允。

父子終團圓

霅溪岸邊的白蘋洲風景如畫，是遊賞勝地。相傳梁吳興太守柳惲曾在此遊賞，寫了膾炙人口的〈江南曲〉：

汀洲采白蘋，日落江南春。
洞庭有歸客，瀟湘逢故人。
故人何不返？春華復應晚。
不道新知樂，只言行路遠。

柳惲出自河東柳氏，正是柳中庸的先祖。顏真卿曾打趣地說道：「中庸啊，你這位先祖真是人中之龍，除了詩寫得好，還擅長弈棋，寫過《棋品》，又善於彈琴，醫術也精湛，梁武帝都說『分其才藝，足了十人』。真讓人佩服！」

柳中庸笑著說道：「如此說來，晚生實在是愧對先祖了。」

「那也不盡然，河東柳氏代代出英才，這都是得益於好家風。像東晉的謝家，自謝安以來，一門九人都做過吳興太守，想來這吳興太守是好官啊。我能忝列其中，實在是無上榮幸。我讀《南史・柳惲傳》，尤其記得這句話：『為政清靜，人吏懷之。』做到當真不易。」說到這裏，顏真卿輕輕地歎了口氣。

「魯公素來秉持『天下本無事，庸人自擾之』，立身清廉，為政以簡，看來好官都是相通的。」柳中庸發自真心地說道。

「哈哈，中庸說我是好官，那我就心滿意足了。」顏真卿笑著說。

白蘋洲上有柳惲親自修建的八角亭和茅亭，雖已破敗，猶能看出前代風貌，顏真卿酷愛白蘋洲風景，派人重新翻修，又建起霅溪館，作為文人雅士相聚之所。

正值江南三月，煙雨濛濛，桃花盛開，滿眼無盡風光。顏真卿興致頗高，就在亭中置案，揮筆寫下柳惲的〈江南曲〉。「魯公墨寶，天下之重。這幅字寫的又是我柳氏先祖之作，懇請魯公賜予我，也好當做傳家之寶。」柳中庸笑著說道。

顏真卿尚覺不盡興，又寫起了〈梁吳興太守柳惲西亭記〉。

正在這時，忽然聽見河面上傳來隱約的吟誦之聲：

新沐者必彈冠，新浴者必振衣；安能以身之察察，受物之汶汶者乎？寧赴湘流，葬於江魚之腹中。安能以皓皓之白，而蒙世俗之塵埃乎？

顏真卿和柳中庸覺得很是驚異，凝神細聽，卻是屈原的〈漁父〉。舟中人身披蓑衣，頭戴箬笠，一枝竹篙揮灑自如，小舟輕飄飄飛過夾岸而生的桃林，那情景真是瀟灑自如，動人心魄。兩人都看得呆了，只聽那人繼續唱道：

滄浪之水清兮，可以濯吾纓；滄浪之水濁兮，可以濯吾足。

一曲唱畢，那人已停下船來，維舟繫纜，衝著亭中高喊：「顏魯公在否？煙波釣徒來訪。」

聽說是煙波釣徒四個字，顏真卿滿面歡笑，連忙上前迎接。柳中庸也過來見禮。

煙波釣徒不是別人，正是隱士張志和。

張志和是開元、天寶年間大名鼎鼎的人物。他的先祖也是湖州長興人，本人卻出生在長安行館，據說其母妊娠期間曾夢見神仙獻龜，於是取名為龜齡。張志和天生聰穎，三歲能誦，六歲能文，名動京師，唐玄宗親自考試，特命他進入太學讀書，結業後太子李亨親自賜名為志和，字子同。「安史之亂」爆發，張志和追隨太子，轉戰於靈武、鳳翔等地，和舅父李泌為匆忙即位的肅宗出謀劃策，立下大功，被超擢為正三品的左金吾衛大將軍。

只是父親和妻子接連去世，加上伴君如伴虎，張志和漸漸厭倦官場，過起了悠遊山水的隱士生活，自稱煙波釣徒，十幾年前往來於績溪、湖州間，結識了陸羽和皎然。兄長張鶴齡看他不事生計，風餐露宿，便為他在越州建了草堂，張志和卻不願老於戶牖，仍然時時駕舟雲遊。

顏真卿早就聽說他的名聲，原來在朝廷上還不覺得他有何特出之處，近些年聽多了他四海為家的事蹟，不由得心心嚮往了。

當天，顏真卿便召集眾人，雅集於白蘋洲霅溪館，宴請張志和。席間有歌有舞，徐徐演出〈凌波驚鴻舞〉等。陸羽為眾人烹煮霅溪特有的紫筍茶，李萼置辦了海量的若下酒，文人雅士們歡聲雷動。

「今日煙波釣徒來訪，真如天外來客，真卿不才，特意備此歡會。哪位先來賦詩，記此良辰美景？」酒過三巡，顏真卿環顧眾人，問道。

「魯公，晚生不才，已經有詩了。」柳中庸說，說完便朗聲吟誦道：

抽弦促柱聽秦箏，無限秦人悲怨聲。
似逐春風知柳態，如隨啼鳥識花情。
誰家獨夜愁燈影？何處空樓思月明？
更入幾重離別恨，江南歧路洛陽城。（〈聽箏〉）

八句念完，引起無數喝采聲，隨後眾人紛紛獻技，氣氛愈發熱烈。這時，張志和已經有了醉意，起身走到書案前，抄起毛筆，便在紙上揮灑起來。眾人紛紛圍攏過來。只見他時而濃墨渲染，時而淡墨勾勒，一片蒼茫山水瞬間現於紙面，正是〈洞庭煙波圖〉。張志和退後三步，細細端詳自己的作品，很快又在畫中點畫三兩筆，一艘小船、一個釣叟赫然呈現。

當日參加白蘋洲雅集之人，各個身懷絕技，筆墨功夫都不在話下，但是看到張志和如此敏捷，飛花摘葉間畫出栩栩如生的洞庭山水，還是很感震驚。

「今日歡會，須有主題。方才玉真子飛舟而來，高歌〈漁父〉，令人心馳神往。我等何不就以漁父為題，比上一比？」顏真卿提議道。

眾人紛紛響應，很快便有人寫出七八首詩來。這時，張志和緩緩起身，手舉酒杯，似唱似吟地念道：

西塞山前白鷺飛，桃花流水鱖魚肥。

青箬笠，綠蓑衣，斜風細雨不須歸。

張志和唱完，立刻引起滿堂喝采，人人都覺得這首詩婉轉流麗，意境幽遠，於無人之處寫透人心，便是詩仙李白到此，恐怕也無法超越。

後來依然有人唱和，總計寫出二十五首佳作，然而細細品味，還是張志和的〈漁歌子〉最為「擅場」（唐代詩會中超越眾人，壓倒全場的佳作被稱為「擅場」）！

這年年底，顏頵生了個兒子，顏真卿將近古稀之年抱上了孫子，欣喜之情溢於言表，決定多多置辦酒肉，把春節過得更加隆重。

那天，他正在衙門裏處理公務，兒子顏碩忽然跑到面前，氣喘吁吁地喊道：

「父親，父親，大喜啊！」

顏真卿抬頭看了看兒子，滿心惶惑，顏頵的孩子已經生下來了，母子平安，還有什麼喜事嗎？

「大哥，大哥回來了！」顏碩聲音顫抖著說道。

「大哥？」顏真卿還是百思不得其解。

「就是我從沒見過面的顏頗大哥啊！」

顏頗？我的頗兒？

二十多年來，無人提及這個名字，韋夫人有時說起苦命的顏頗，忍不住哀哀哭泣，顏真卿也只能安慰。他自己也不能不想念，可是想也無益，只能把思念、擔憂、遺憾、愧疚壓在心底。現在，突然聽到這個名字，彷彿炸雷響徹耳邊，手中的筆管登時掉落在地，他試著站起身來，最後卻無力地倒了下去。

顏碩扶著他回到郡齋後堂的時候，顏真卿已經滿臉淚痕，泣不成聲了。

父子相見，緊緊擁抱。那邊韋夫人早已哭過一場，看到父子重逢的場景，再也忍不住，又哭了起來。顏真卿捧著顏頗的臉，仔細端詳，依稀還能看出當年的孩童模樣，只是鬢角早白，多了幾許風霜。

「頗兒，你受苦了……」說了這幾個字，顏真卿便再也說不出話來。

皎然在旁邊，拍手大笑。

「魯公，你和大公子久別重逢，這是多大的造化，多大的福氣，應該高興才是，全家人怎麼都哭了？」

「是是是，皎然大師說得對。來來來，頗兒，過來坐下吧。」

一家人互訴衷腸，皎然已經揮筆寫下一首詩，慶賀顏頗的歸來。顏頵捧著詩稿，大聲念道：

相失值氛煙，纔應掌上年。
久離驚貌長，多難喜身全。
比信尚書重，如威太守憐。
滿庭看玉樹，更有一枝連。

「『久離驚貌長，多難喜身全！』說得對，說得對，『安史之亂』讓多少人家破人亡，我頗兒能全身歸來，實在是天賜之喜。碩兒，別愣著了，多多置辦酒肉，好好犒勞你大哥！」顏真卿說道。

「是！」顏碩急忙擦乾眼淚，飛快地跑了出去。

顏真卿在湖州做了五年刺史，正如他欣賞的柳惲那樣「為政清靜，人吏懷之」，當他接到回京擔任刑部尚書的詔書，準備離開的時候，當地士人百姓遮道相送，十里不絕。顏真卿也頻頻回首，依依不捨地告別了湖州，告別了這段生命中難得的優閒歲月。

偏向虎山行

重新回到大明宮，顏真卿的心裏感慨不已，這時的朝廷上多是青年俊才，親朋故舊已經不多見了。隨著孫兒的陸續出生，他更願意留在家中，含飴弄孫。他接連三次上書，請求致仕，代宗卻以朝廷需要老成之臣，駁回了他的請求。

顏頗流浪世間二十年，早已心灰意冷，一心求道。顏真卿自覺對不住大兒，不願強求，隨他去了。顏頗自己沒有兒女，格外喜歡幾個侄兒，朝夕之間陪他們讀書習字，通化坊老宅又恢復了往日的生氣。

看到幾個孫兒不肯用功，顏真卿就不高興，回想自己和允臧小時候，黃泥習字，刻苦攻讀，如今的孩子怎麼光知道玩呢？那天他叫過顏琮、顏璋、顏湘，讓他們依次站好，背誦功課，誰要是背得不熟，就用戒尺打手心。幾個孩子看祖父慈祥慣了，也不往心上去，只是嘻嘻哈哈。顏真卿歎了口氣，戒尺高高舉起，終究是落不下，轉念想道，這世上自有狠心的父親，卻無狠心的祖父，那也是沒辦法的事了，兒孫自有兒孫福嘛。

孫兒們出去之後，他獨自坐在書案前，凝神想了許久，終於提起筆來端正地寫道：

三更燈火五更雞，正是男兒讀書時。

黑髮不知勤學早，白首方悔讀書遲。

隨後叫來顏碩，指給他看。

「父親，這是你新寫的詩，叫什麼題目？」顏碩問道。

「就叫〈勸學〉吧。以後你要多多留心琮兒他們的功課，千萬不可荒廢，辱沒了顏氏的家風。」

「是。」顏碩捧著父親的詩稿，恭恭敬敬地退了下去。

顏真卿盡量閉門讀書，不去參與朝廷鬥爭。那天，左輔元笑吟吟地走進書房，笑著說道：「魯公，如今盧杞做了宰相，你怎麼沒什麼動靜啊？」

「啊，他做他的宰相，我應該有什麼動靜？」顏真卿不解地問道。

「哈哈，人家郭子儀郭老令公都有所表示了。」左輔元說。

「郭令公功高蓋世，如今優遊歲月，多麼愜意。前幾天他要為父親立家廟，請我寫碑文，你不也同去了嗎？」顏真卿問道。

「是，去了。我還記得呢，大半個親仁坊都是郭家的府邸，原來滕王李元嬰的宅子，還有安祿山的宅子，都讓他佔去了，連家眷帶僕役足足有三千人呢。」左輔元邊說邊歎息，感歎郭府的壯麗。

「哎，話可不能這樣說。郭令公是多大的功勞，享樂也是應該的。」顏真卿說道。

「那是，那是，屬下沒有別的意思。我聽說郭令公聽到盧杞任宰相的消息，當場就讓人減了宴席上的歌舞聲樂，別人不解，郭令公說，盧相公眼裏容不得沙子，還是小心為妙。這幾天，郭令公身子不爽，很多官員都去探望，郭令公從來都讓姬妾陪侍左右，唯獨盧相公來訪，郭令公下令支開所有的家眷，獨自迎接，殷勤招待。」左輔元說。

「哦，這是為什麼？」顏真卿問道。

「是啊，誰都不知道郭令公的意思。盧相公走後，郭令公才跟家人說，盧杞這個人臉色發藍，相貌醜陋，實在是內心險惡之人。他來之後，家裏人看了肯定會發笑，盧杞記了仇，掌權之後肯定會算賬。」左輔元說。

「哦，原來如此。郭令公真不愧為我朝大將，目光如炬，思慮深遠，真非我輩所能及啊。看來，咱們也要當心嘍。」顏真卿笑著說道。

顏真卿想躲盧杞，盧杞卻主動找上門來了。他派人來到通化坊，問顏真卿想去哪個地方做節度使。這麼問的用意很明顯，想趕他出京，不能繼續留在朝廷。顏真卿默不作答，等見到盧杞才說道：「我這個人脾氣不好，屢屢為小人所憎恨，貶謫流放早已成了家常便飯。如今我老了，多謝相公庇護。當年，安祿山加害令尊盧中丞，還把首級送到平原。盧相公，看在令尊面上，你就忍心驅逐我這個老人嗎？」

顏真卿本想動之以情，誰知盧杞心如蛇蠍，惱羞成怒。表面上，他連忙下跪，感謝顏真卿的恩德，心裏卻更加恨之入骨。

晚輩柳冕問顏真卿，為什麼不肯出任節度使。顏真卿深深地歎了口氣，眼睛望著遠處，慢慢地說道：「唉，我是懷念開元盛世啊。自從安史之亂後，朝政需要整治，如果一趕就走，朝廷上無人制衡奸臣，那不是讓喪亂捲土重來嗎？」

德宗即位不久，追封沈氏為皇太后。顏真卿奉詔尋找沈氏下落而不得，卻讓德宗知道了顏氏和沈氏有姻親的事情，加上顏真卿名滿天下，德高望重，便想任命顏真卿為宰相，也好彌補母族單薄的缺憾。

顏真卿還沒有得到消息，盧杞卻已經看透了德宗的意思，橫加阻攔，絕對不能讓顏真卿和自己並列為宰相。他表面上舉薦顏真卿為太子太師，暗中卻免了他的禮儀使等職務。放眼朝廷，已經無人可以和他分庭抗禮了。

頂著太子太師的空頭銜，顏真卿躲在家裏享清閒，並在左輔元、殷亮、柳冕等後輩的幫助下修家譜，立家廟。回京這兩年，他常常想起堂兄春卿的遺言：「真卿，我知道，你比兄弟們都強，一定能夠壯大咱們顏家，只可惜我看不到了。」

有時站在通化坊的十字街上，看看南側的顏家老宅，再看看北側的殷家老宅，小時候的歡聲笑語彷彿還在耳邊，定睛再看的時候卻空空如也，人都走了嗎？那些人都去了哪裏？恍惚之間，他會突然忘了舉步，或者抬起腳來，又不知該往哪裏邁步。這是衰老的表現嗎？嗯，有些事，必須快些完成了。

顏真卿在老宅裏徘徊多日，思忖良久，決定建立顏氏家廟。他將父親顏惟貞的中堂改建成家廟的中堂，廳屋就改作齋室。廳屋正是顏真卿的生身之地。有時，他就在齋室裏默默枯坐，往事如潮湧上心頭。這些年南來北往，鑿山刻石，題寫了多少碑銘，如今要為自己的列祖列宗寫碑了，顏真卿看著自己的右手，食指在輕輕地顫抖。

唐故祕書省著作郎夔州都督府長史上護軍顏君神道碑

曾孫魯郡開國公真卿撰并書。(〈顏勤禮碑〉。與〈麻姑山仙壇記〉並稱為顏真卿楷書雙峰,原碑藏於西安碑林博物館,北京故宮博物院藏有宋初拓本)

寫下這些字,顏真卿慢慢地有了感覺,他忘了這是為自己的祖先寫碑文,而是跟從未謀面的祖先對話。羨門子,這一生,你走的路對嗎?這一生,你沒有辱沒家門吧?顏真卿默默地點著頭,耳邊依稀響起母親、伯父、姑母、舅父等人的呼喚。「羨門子」,呼喚聲聲,唯獨沒有父親的聲音。父親,你知道孩兒的名字嗎?你知道我在心裏呼喊你嗎?寫著寫著,淚水撲簌簌滴落,落在紙上,融入墨汁。黃泥做紙,樹枝為筆,像姑媽教導的那樣寫「天地玄黃,宇宙洪荒」;大地為紙,肉身為筆,像伯父教導的那樣寫「日月盈仄,辰宿列張」。

這時候,顏真卿徹底忘記了張旭、褚遂良、王羲之,甚至也忘記了自己。他是筆,是墨,也是紙,渾厚而樸實的筆畫是歲月的真容,剛勁而莊重的漢字是大唐的使命。他不再是奔騰萬里的黃河,也不是垂落九天的黃河,他是祁陽山間幽靜深遠的浯溪,也是湖州城外桃花流水的霅溪，隨意所之，任性流淌，終於流向蒼茫。

不知何時，左輔元輕輕來到身邊，無聲無息。「老太師，老太師！」看著渾身大汗淋漓的顏真卿，左輔元沒有更多的言語，只是輕輕地扶住他的胳膊。

「安史之亂」以後，藩鎮割據的局面非但沒有好轉，反而愈演愈烈，幽州的朱滔、魏博的田悅、成德的王武俊、淄青平盧的李納結盟，各自稱王，共推朱滔為盟主。淮西節度使李希烈也在許州（今河南許昌）稱天下都元帥、太尉、建興王，攻陷汝州（今屬河南），不斷騷擾東都洛陽。

唐德宗為人猜忌苛刻，卻沒什麼韜略，眼看烽煙又起，登時沒了主意。滿朝大臣迫於盧杞威勢，也無人敢言。藍臉的盧杞計上心來，趁機陷害顏真卿，於是向德宗進言：「李希烈是年輕猛將，自恃有功，傲慢驕橫，將軍們誰也不敢勸阻。依臣之見，最好的辦法就是委派儒雅持重的老臣，前去宣佈詔書，曉之以理，動之以情，勸說李希烈革心悔過。那就不用勞動三軍而能收復人心了。」

德宗聽了盧杞的話，覺得有道理，只是誰能深入虎穴，勸說驕橫的李希烈呢？

盧杞看懂了德宗的心思，端出了蓄謀已久的詭計：「顏真卿啊！顏真卿是三朝重臣，為人忠直剛毅，天下誰不知道，誰不佩服？只要顏真卿出馬，李希烈肯定束手就擒。」

當德宗宣佈顏真卿出使淮西的時候，滿朝大臣都瞪大了眼睛，幾乎沒人相信皇上會派一位七十五歲高齡的老人深入虎穴。消息傳到顏家，全家人為之震驚，韋夫人更是哭紅了眼睛：「皇上這是怎麼了？咱們都說不當這官了，憑什麼還讓你去送命啊？」

「唉，這事跟皇上無關，都是盧杞背後搗鬼啊。再說我只是奉旨宣詔，也不見得就是送命。」顏真卿安慰夫人說。

「李希烈狼子野心，盡人皆知，你去肯定沒有好下場。不行，咱們要上書，請求皇上另派別人吧。」韋夫人從來沒有表現得這樣激烈，多少次貶謫，她都是默默追隨，這次似乎有了不祥的預感，傷心欲絕。

「唉，君命也，焉避之？」顏真卿淡淡地說道。

受命當天，顏真卿帶著侄子顏峴和家僮，義無反顧地出發了，韋夫人帶著孩子們送到灞橋，灑淚而歸。

寧願殺身以成仁

剛剛到達許州，顏真卿捧出詔書，正要宣讀，大門忽然被衝開，呼啦啦湧進來數十個全身鎧甲的年輕將領，厲鬼般叫罵不休。

「什麼狗屁詔書！」

「昏君加奸臣，還想管我們！」

「抓住使者，碎屍萬段！」

「別廢話，殺了算了！」

「殺！殺！殺！」

顏真卿放眼望去，只見庭院裏擁擠著無數的士兵，高舉刀槍劍戟，氣勢洶洶。廳上的將軍每罵一句，外面的士兵都跟著高聲叫囂。

此時此刻，顏真卿心如止水，早已將生死置之度外。他知道這是李希烈故意安排的下馬威，於是徐徐轉過身來，面對李希烈，平靜地說道：「見兵而知將。相公，這都是你調教出來的將士嗎？」他以文臣之身親臨戰陣，知道什麼樣的軍隊能打勝仗，這種戾氣滿滿的軍隊，根本就不放在眼裏。

李希烈聽出了顏真卿的嘲諷之意，馬上意識到這齣戲演砸了，顏真卿好像不是那種膽小如鼠的文人，連忙揮了揮手，氣急敗壞地趕走了鬧事的部屬。

罵完部下，李希烈滿臉堆笑，客客氣氣地請顏真卿住到了館舍，實際上是軟禁起來。隨後幾天，只是按時送來飯菜，卻不再見面，偶爾派人來威逼利誘，要求顏真卿以使者名義上書朝廷，為淮西節度使李希烈謀取利益。

顏真卿既不畏懼，也不上當，什麼也不肯寫。經過幾個回合的交手，顏真卿已經充份瞭解到李希烈的奸詐和蠻橫，預感自己很有可能喪於其手，於是給家人寫好遺書，做好了必死的準備。

李希烈也知道顏真卿正氣凜然，真要把這樣德高望重的老臣殺死，只會招致天下人的痛罵，於是設下酒宴，準備送顏真卿還朝。當日，席間有個叫李元平的人，他原是汝州別駕，李希烈攻打汝州的時候投降了。

李元平過來給顏真卿敬酒，帶著諂笑，漫無邊際地誇耀李希烈的功德。顏真卿勃然大怒，忍不住高聲痛罵道：「天下怎麼會有你這樣厚顏無恥之人，背主求榮，難道值得這麼高興？」

李元平自討沒趣，恨恨地退下了。回去之後，卻怎麼也嚥不下這口氣，悄悄找到李希烈：「節帥，你真的要放走顏真卿嗎？」

「啊，反正留著也沒用。」李希烈說道。

「依我看，大有用處啊。將來節帥和朝廷必有一戰，若以顏真卿做人質，朝廷處處掣肘，那是大大的不利啊！」李元平狡猾地說道。

李希烈覺得是個好主意，再也不想放顏真卿回朝了。

幾個抗命朝廷的藩鎮，數淮西節度使勢力最強，幽州、魏博等地派來使者，勸李希烈登基稱帝。李希烈得意揚揚地來到館舍，告訴了顏真卿。

「魯公，我知道你看不起我，不過自有人看得起，還有人擁戴我稱帝呢，哈哈哈！」李希烈說道。

「相公世代都是大唐忠良，今日受了亂臣賊子的蠱惑，不知警惕還洋洋自得，我看你距離覆滅不遠了。」顏真卿說道。

「此話怎講？」李希烈問道。

「相公自稱勢大力強，請問強得過安祿山、史思明嗎？當年安史二賊竊據四鎮，擁兵二十萬，然戰端一啟，父子反目，兄弟相殘，不也很快就灰飛煙滅了嗎？」顏真卿義正辭嚴地說道。

李希烈灰溜溜地走開了，只是覺得心有不服，那天宴請四鎮派來的使者，特意讓顏真卿出席。顏真卿默默地坐在席間，既不說話，也不飲酒。李希烈故意讓人演出詆毀朝廷的戲劇，把朝廷和皇上罵得一無是處。

看到這裏，顏真卿忍無可忍，啪的一聲，手掌重重地拍在桌子上，酒盞傾倒，酒灑了一地。李希烈不願破壞了氣氛，只好趕走助興的伶人。

北面來的使者見識了顏真卿的剛烈，不懷好意地說道：「嘿嘿，顏魯公真是天賜的宰相啊！」

「什麼宰相！各位沒聽說過顏杲卿嗎？那是我顏真卿的兄長。安祿山造反，我兄杲卿首舉義兵，直到被害仍是罵不絕口。真卿快要八十歲了，官也做到了太師，還有什麼奢望，無非是秉承兄長遺志，死而後已。豈能屈從你們這些人！」

這是顏真卿的真心話，也是最後的態度。李希烈眼看再也套不出什麼利益，命令士兵挖了個大坑，聲稱要活埋顏真卿。顏真卿仰天長笑，聲震屋宇：「聖人云死生有命。李相公拿把劍來，我讓你看個痛快，何必多費心思！」

兩軍對壘，氣壯則勝，氣沮則敗。李希烈和顏真卿交手幾個回合，不僅絲毫佔不到便宜，反而像個跳樑小丑，每次都被駁得體無完膚。

不久，唐德宗正式向淮西節度使宣戰，四路大軍共同討伐李希烈。他們是北方的宣武軍節度使李勉，西北方向的汝州節度使哥舒曜，南方則是江西節度使李皋、荊南節度使張伯儀。

李希烈處心積慮，謀劃已久，當然有所準備，很快就擊敗了南方的張伯儀，隨後乘勝攻打汝州節度使哥舒曜。李希烈手下有個名叫周曾的將軍，早就看不慣李希烈的驕橫，看到顏真卿視死如歸的精神，很受感召。大軍走到許州和汝州交界的襄城，周曾等人商議，率領大軍返回，殺死李希烈，擁戴顏真卿為節度使，歸順朝廷。遺憾的是謀劃不密，走漏了消息，李希烈調來精銳，很快撲滅了這次反叛，殺死周曾等人。

有了這次挫折，李希烈暫時回到蔡州（今河南汝南），顏真卿被押到了汝州的佛寺。顏真卿沒像「安史之亂」那樣身處戰場，只能躲在後面隱約猜測前方的形勢，心裏更加著急。透過窗戶，看到小小的天空，有時晴天麗日，有時陰雲密佈，顏真卿的心裏卻沒有晴天。

他預感到末日快來了，左右無事，寫好了呈獻給皇上的遺表，還給自己寫了墓誌和祭文。寫完再看，顏真卿的嘴角露出一絲苦笑，這一生給多少人寫過祭文，想不到還有餘力給自己寫呢。

感覺大事已了，此生再無牽掛，顏真卿信手拿過毛筆，徐徐寫道：

真卿奉命來此，事期未竟，止緣忠勤，無有旋意。然中心悢悢，始終不改，游于波濤，宜得斯報。千百年間，察真卿心者，見此一事，知我是行，亦足達於時命耳。

這篇〈奉命帖〉是內心的喃喃自語，也是跟後人對話，向歷史敞開心跡。守衛的士兵崇敬顏真卿，看到他新寫的字，壯著膽子問道：「魯公，這幅墨寶能賞給小人嗎？」顏真卿笑著點了點頭，伸手指著寢室的西牆，輕聲說道：「我死之後，就埋在這裏吧。」

那個士兵聽了，潸然淚下。長安在西，顏真卿死也要朝著家的方向。

唐德宗鑑於各鎮叛亂難平，天下躁動不已的狀況，下罪己詔，罷免盧杞，同時赦免李希烈、田悅、王武俊、李納、朱滔等人。朱滔等人也知道大事難成，悄然除掉王號，服從朝廷。

李希烈卻不想這麼輕易放棄，悍然在汴州稱帝，國號大楚，並派部將辛景臻、安華到顏真卿住所，堆起乾柴，威脅說：「顏真卿，你到底投不投降？再不投降，就燒死你！」

顏真卿當然不受羞辱，也不跟他們多說廢話，徑直起身，跳進火堆。辛景臻等人只是來嚇唬嚇唬顏真卿，沒想到這個七十六歲的老人如此倔強，真要是燒死了反倒無法向李希烈交差，幾個人七手八腳地拉住顏真卿，急忙滅了火。

朝廷大軍節節勝利，很快收復了汴州，李希烈眼看形勢不妙，只得退回蔡州老巢。第二年正月，顏真卿也被轉移到了蔡州的龍興寺。正是在這裏，顏真卿寫下了生命中最後的書法作品〈移蔡帖〉：

貞元元年正月五日，真卿自汝移蔡，天也。天之昭明，其可誣乎？有唐之德，則不朽耳。十九日書。

「有唐之德，則不朽耳！」

短短八個字，既是顏真卿的心聲，也是豪邁的預言。只有生於開元年間的人，才懂得大唐的含義；只有長於開元年間的人，才懂得大唐的寶貴。顏真卿不知道的是，這個大唐少不了他，正如少不了詩仙李白、詩聖杜甫、畫聖吳道子、劍聖裴旻。哪怕大唐滅亡，也會化作無形的遺產，歷千百年而不朽。

這時，那個守衛他的士兵幫他收起紙張，微笑著說道：「魯公快要得救了。」

「你是說李希烈兵敗的事？不會的，不會的。」顏真卿搖了搖頭。

「為什麼？」士兵詫異地問道。

「你聽過三國田豐的故事嗎？當年官渡大戰，田豐多次給袁紹出謀劃策，袁紹不但不用，還把他關進大獄。後來袁紹被曹操打敗，將士們都捶胸痛哭說，要是田豐在這裏，不至於敗到這個地步。有人告訴關在獄中的田豐，這次袁將軍知道你的建議是對的，肯定會重用你。田豐卻說，袁紹這個人表面寬厚，內心猜忌，如果他得勝，高興了還能赦免我；打了敗仗，肯定更加怨恨我。現在既然打敗了，我就不指望活命了。那袁紹回來後，果然殺了田豐。你看我現在的境況，不是很像田豐嗎？」顏真卿說。

第二天，李希烈派宦官前往龍興寺，厲聲說道：「有詔書！」

顏真卿拜了兩拜，準備迎接詔書。宦官說道：「顏真卿罪不容恕，著即賜死。」

顏真卿感到疑惑，抬起頭來問道：「老臣沒有完成使命，的確罪該萬死。請問，使者是從長安來的嗎，哪天出發的？」

宦官卻說：「本使者是從大梁來！」

顏真卿馬上明白過來，根本不是來自長安的詔書，而是李希烈的偽詔，大聲罵道：

「原來是叛賊，怎敢稱詔！」

「大楚皇帝有詔，賜顏真卿死，動手！」

話音剛落，一條繩索便套上了顏真卿的脖子。

顏真卿死了。

顏真卿卻又活著，活在他的精神裏。

顏真卿永遠活著，活在他的書法裏。

顏真卿不死，早已化作大唐的精靈。

顏真卿是不死的漢字之魂。

一顏真卿生平簡表一

七〇九年（唐中宗景龍三年）

顏真卿出生於長安通化坊。

七〇五年（唐中宗神龍元年）

宰相張柬之等發動政變，逼武后退位，中宗復位，復國號唐。本年武后卒。

七一〇年（景龍四年、唐少帝唐隆元年、唐睿宗景雲元年）

中宗卒。韋后專權，立李重茂為帝。相王之子、臨淄王李隆基起兵誅韋后等，擁立相王，是為睿宗。

日本元明天皇遷都平城京，飛鳥時代結束，奈良時代開始。

七一一年（景雲二年）

奧米亞王朝（中國史書稱為白衣大食）遠征軍從北非入侵伊比利半島，擊潰西哥德王國。

七一二年（太極元年、延和元年、唐玄宗先天元年）

睿宗傳位太子李隆基，是為唐玄宗。尊睿宗為太上皇。

七一三年（先天二年、開元元年）

太平公主謀廢玄宗，事泄，賜死。

玄宗賜封大祚榮為渤海郡王，震國更名為渤海國。

七一七年（開元五年）

日本吉備真備、阿倍仲麻呂（晁衡）從遣唐使入唐留學。

七二一年（開元九年）

劉知幾卒，所著《史通》是中國第一部史學評論的專著。

七一一年（唐睿宗景雲二年）

父親顏惟貞去世，母親殷夫人獨自撫養十個子女。

七二一年（唐玄宗開元九年）

舅父殷踐猷去世。跟隨母親前往蘇州，投靠外祖父殷子敬。

七三四年（開元二十二年）
日人吉備真備攜《唐禮》、《大衍曆》、《樂書》等歸國。

七三八年（開元二十六年）
皮邏閣統一六詔，唐封其為雲南王。

七四四年（天寶三載）
回紇骨力裴羅自立，遣使來告。冊為懷仁可汗。

七三二年（開元二十年）
伯父顏元孫去世。

七三四年（開元二十二年）
進士及第。娶太子中舍韋迪之女。

七三六年（開元二十四年）
通過吏部銓選，授朝散郎、祕書省著作局校書郎。結識高適等友人。

七三七年（開元二十五年）
姑母顏真定去世。

七三八年（開元二十六年）
母親殷夫人去世，丁憂三年。

七四二年（天寶元年）
應博學文詞秀逸試，登科。出任醴泉縣尉。

七四五年（天寶四載）

以楊太真為貴妃。

詔以《道德經》列於諸經之首。

七五〇年（天寶九載）

阿拔斯王朝建立，中國史書稱之為黑衣大食。

七五一年（天寶十載）

劍南節度使鮮于仲通擊南詔，敗績。南詔始依吐蕃。

安西四鎮節度使高仙芝率軍擊大食，大敗。

七四五年（天寶四載）

醴泉縣尉任滿，前往洛陽，跟隨張旭學習書法。

七四九年（天寶八載）

遷殿中侍御史，後受楊國忠忌恨，出任東都畿採訪判官。

七五〇年（天寶九載）

升任侍御史。

七五一年（天寶十載）

改任兵部員外郎，判南曹。

七五二年（天寶十一載）

書〈多寶塔碑〉。

七五三年（天寶十二載）

出任平原郡太守，察覺到安祿山反狀，暗中備戰。

七五四年（天寶十三載）

唐僧鑑真一行東渡成功，到達日本。

七五六年（天寶十五載 唐肅宗至德元載）

安祿山稱帝，叛軍攻入長安。玄宗奔蜀，至馬嵬驛（今陝西興平），軍士譁變，玄宗被迫殺楊貴妃、楊國忠。

太子李亨即位，是為唐肅宗，尊玄宗為太上皇。

法蘭克王國國王丕平把羅馬及其周圍區域送給教皇。

七五七年（至德二載）

安祿山被其子慶緒所殺。

郭子儀率軍會合回紇兵收復長安、洛陽。

七五五年（天寶十四載）

安史之亂爆發。顏真卿首舉義旗，堂兄顏杲卿也在常山起義，河北諸郡共推顏真卿為盟主。

七五六年（天寶十五載　唐肅宗至德元載）

常山失守，顏杲卿與次子季明在洛陽殉難。

顏真卿送兒子顏頗為人質，以聯絡平盧劉客奴。

肅宗即位於靈武。顏真卿放棄平原，渡過黃河，投奔肅宗。

七五九年（乾元二年）

史思明殺安慶緒，旋稱帝。

七六二年（唐代宗寶應元年）

玄宗、肅宗相繼而卒。太子李豫即位，是為唐代宗。

雍王李適率蕃漢軍大破史朝義，回紇兵入洛陽，大肆搶劫。

李白卒，有《李太白集》傳世。

七六三年（寶應二年）

史朝義自縊，餘黨降唐。

吐蕃軍入長安，代宗逃亡陝州（治今河南陝縣東北陝縣老城），後為郭子儀軍擊退。

七五八年（乾元元年）

任蒲州刺史，書〈祭侄文稿〉。後貶為饒州刺史。

七六二年（唐代宗寶應元年）

任戶部侍郎。

七六三年（寶應二年）

安史之亂平定。遷尚書右丞。

七六四年（廣德二年）

晉爵魯郡開國公，書〈爭座位帖〉。

七七〇年（大曆五年）

日人晁衡（阿倍仲麻呂）卒於長安。

杜甫卒，有《杜工部集》傳世。

七七一年（大曆六年）

自羅馬帝國以來，法蘭克王國國王查理曼首度統一了西歐大部份地區。

七六六年（永泰二年）

上〈論百官論事疏〉，得罪宰相元載，被貶為吉州別駕。

七六八年（大曆三年）

改任撫州刺史。

七七一年（大曆六年）

撰寫〈麻姑山仙壇記〉。撫州刺史任滿後會晤元結，書〈大唐中興頌〉。拜謁先祖顏含墓，撰寫〈顏公大宗碑銘〉。

七七三年（大曆八年）

赴任湖州刺史，結識皎然、陸羽等。主盟湖州詩會。

七七四年（大曆九年）

皇甫曾、張志和等人來湖州遊。《韻海鏡源》編纂完成，獻於朝廷。

七七五年（大曆十年）

長子顏頗歸來，父子團聚。

七八〇年（唐德宗建中元年）
德宗採納楊炎的建議，廢租庸調制，推行兩稅法。

七八一年（建中二年）
〈大秦景教流行中國碑〉立。郭子儀卒。

七八四年（興元元年）
日本桓武天皇將首都遷至長岡京，結束了奈良時代。

七七七年（大曆十二年）
撰書〈殷君夫人顏氏碑〉。湖州刺史任滿，回長安任刑部尚書。

七八〇年（唐德宗建中元年）
立家廟於通化坊祖宅，撰書〈顏氏家廟碑〉。罷吏部尚書，改任太子太師。

七八三年（建中四年）
出使叛軍李希烈部，被扣押。

七八五年（貞元元年）
書〈移蔡帖〉。被李希烈殺害於蔡州龍興寺。

七八六年（貞元二年）
李希烈被部下毒殺，淮西叛亂平定。顏真卿靈柩歸葬於京兆萬年縣鳳棲原祖塋。

國家圖書館出版品預行編目 (CIP) 資料

顏真卿 / 薛舟著 . -- 第一版 . -- 新北市 : 風格司藝術創作坊 , 2019.12
面； 公分 . -- (嗨 ! 有趣的故事)
ISBN 978-957-8697-59-1(平裝)

1.(唐) 顏真卿 2. 傳記

782.8415 108021452

嗨！有趣的故事

顏真卿

作　　者：薛　舟
責任編輯：苗　龍

發　　行：知書房出版
出　　版：風格司藝術創作坊
235 新北市中和區連勝街 28 號 1 樓
電　　話：(02) 8245-8890

總 經 銷：紅螞蟻圖書有限公司
台北市內湖區舊宗路二段 121 巷 19 號
電　　話：(02) 2795-3656
傳　　真：(02) 2795-4100
http://www.e-redant.com

版　　次：2020 年 10 月初版　第一版第一刷
訂　　價：180 元

ISBN 978-957-8697-59-1 Printed inTaiwan